# 硬式テニスの極意

## 〈教本　硬式テニス新打法〉

羽渕定昭

*HABUCHI Sadaaki*





社

# 目次

ブログ抜粋編 …… 43

# 硬式テニスの極意

〈教本　硬式テニス新打法〉

新打法の名称について

ブルース・リー打法、壁打ち打法、仁王立ち打法、ケンシロウ打法、ウサイン・ボルト打法、ジャックナイフ打法、円月打法、ハブチ打法、等など。

貴方ならどんな名称にしますか?

本書を最後まで読んで新打法に名前を付けて下さい。

# はじめに

何かのコマーシャルのせりふではないが、「新打法は……まだ流行ってない」。プロの誰かがしている打法ではない。決められたフォームもないので、見本もない。

筆者が提唱している理論に基づいた打ち方の体系全体を指すものである。

２０１５年に出版した『硬式テニス新打法』では命名の新鮮さを伴って、その体系が説明されています。そしてブログに連載した追記19までが収録されています。

その後、ブログで追記を重ね、現在（追記１７０）まで発表しています。その時々のニュースや出来事に関連して発表しています。

本書はその続編です。「新打法の基礎知識」の連載部分を前半に集め、続いて、追記の発表順に、一部省いて収録しています。長い年月に綴った文章なので重複文章が多いですが、敢えてそのまま収録しています。机上のテニスレッスンと思って読破して下さい。必ず体系が理解され、極意が身に付くと思います。

２０２２年6月吉日

# 硬式テニス新打法のまとめ

## （追記145）硬式テニス新打法の基礎知識その1

私は〈世界のテニスを新打法に変える〉という大きな目標を持っています。世界中がコロナ禍でスポーツの世界も練習もままならない状態です。こんな中、テニスプレイヤーの皆さんの理論的強化を願って本稿を書きました。

フェデラーの高速カメラによるスイングの解析を見ました。世界中のテニス界がトッププレイヤーの技術を盗もうと必死です。しかしながら理論が付いていっていないので役に立っていません。

フェデラー自身あらゆるボールポジションに合わせているので固定するようなフォームなど無いのです。にもかかわらず解説者は結論を導き出そうとして頓珍漢な結論を導き出しています。

その1つが振り始めからインパクトまでと、インパクトからフォロースルーの終わりまでの距離が殆ど同じということに意味を持たせています。しかし同じ静止画像を見ればボールがインパクト直後にラケットから離れていることが分かります。

つまり長いフォロースルーの軌跡に全く意味がないことを表しているのです。同じ画面を見てどうして理解が違うのでしょう。

従来打法ではフォロースルーが大切であると伝えられているからです。だから折角高速度カメラの画像が手に入っても役に立たないのです。私はこの画像を見る前からフォロースルーに意味がないことを『硬式テニス新打法』の本に書いています。新打法はインパクトの直前に動作を止めます。フォロースルーに使う時間やエネルギーはテイクバックを大きくする為に使います。

スイングをブランコに例えましょう。テニスのスイングを上下の運動にしたのがブランコです。殆どの人が幼少の頃からブランコで遊び、その漕ぎ方を知っています。落ち始めた時に力を加え、そして加速します。真下に来た時に力を加えても何の役にも立ちません。ところがテニスではインパクトの直前に力を加え、インパクト時にも力を加えると教えているのです。これでは力が加わるはずがありません。この裏にはボールは当てて押すものという間違った理論がある為です。

新打法では振り始めに、正確にはテイクバックの反発時に、最大の力を加えます。そして筋肉の捻《ね》じり戻しのエネルギーを使い、軽い力で加速するのです。この時強い力を加えないのでスイートスポットにボールを当てることに集中できるのです。

次に腕の振りについてです。

従来打法では胸板の延長線上が腕の振り始めになります。そして90度振ってインパクトします。新打法では延長線上でインパクトです。それより45度後ろにテイクバックするのです。同様に腰を45度、手首を75度、握り15度を同時にします。合計180度を基本としますがボールポジションや打方向の調節で微調整します。新打法では従来打法の半分の時間で倍の距離をスイングします。

しかもテイクバックの反動を利用します。筋肉の捻じり戻しの力も利用します。振り始めに力を加え、長い加速距離を取って加速します。瞬間速度は従来打法のおよそ4~5倍のスイングスピードになるでしょう。そして極めつけはインパクトの直前で動作を止めます。そしてラケットと身体の一体となった重量の惰力でボールを叩くのです。衝撃力は重量×加速度です。それでも惰力によるインパクトの為、反作用は身体には返りません。

これだけ身に付けただけで、反応時間が半分余ります。インパクトの直前で動きを止め次の行動に移ることが出来ます。移動にも余裕が出来ます。

方角を定めて止めるのですから、これほど正確なショットはありません。1日も早く新打法を身に付け、世界に挑戦して下さい。

## （追記146）硬式テニス新打法の基礎知識その2

今記はミクロの考察です。掌の返しに意味があるか?です。

従来打法ではインパクト時に掌を返して、ボールに回転を与えると教えていると思います。やや上向きにスイングして、ボールを捉え、ラケットの面を回しボールを包み込むようにして回転を与えると考えられています。

発想はフォロースルーと同じです。根底にある考え方は〈当てて押す〉です。そして〈当てて回転を掛ける〉です。どちらも間違いです。ゆっくりと進んできたボールを、ガットを緩く張ったラケットで打ち返せば、有りうるかも知れませんが、パワーテニスでは成立しません。当てて押すことが出来ない以上、当てて回転を与えることはあり得ないのです。

それではボールに回転を与える為にはどうすれば良いのか?です。

答えは1つしかありません。当ててから何かをするのではなくて、何かをしてから当てるのです。前記はストレートについて書きました。スイングスピードを最大にしておいて、直前で動作を止め、ラケットと身体の重量を一体にした惰力でインパクトするのです。

ドライブ回転を与えるには、ラケットヘッドを下げておいて直前に戻すのです。反対にラケットヘッドを上げておいて直前に戻せばスライスになります。身体の動きはストレートと同じです。手首の向きだけを変えるのです。スピードを落とさずにボールに回転を掛ける事が出来ます。

掌（グリップを握っています）の回転については、当てて回転するのではなくて、逆回転しておいて直前に戻すのです。つまりラケットの面を上向きにしておいて垂直に戻すのです。惰力は直前に与えられたエネルギーの方向に働きます。絶対的な法則です。

今のところ〈硬式テニス新打法〉だけの理論と思われます。

## （追記147）硬式テニス新打法の基礎知識その3

〈新打法〉は数々のタブーに切り込んでいます。

その最大のタブーが〈インパクトの直前に動作を止める〉でしょう。従来打法はインパクトからフォロースルーの終わりの形までが重視されているからです。しかしテニスを離れてみれば止めるスポーツは沢山あります。

ソフトボール投げは止めないとスピードボールは投げられません。ピッチャーはボールを離す直前でスローイングを止めています。スピードスケートのフィニッシュではゴール前にスケーティングを止めて、ブレードの先端を前に出します。水泳でも同じです。ゴール手前で泳ぎを止めてプールサイドにタッチすることに専念します。これらは目で見えるので分かりやすいですね。心で見ないと分からないのが野球です。私はピッチングもバッティングも同じだと思います。

似たものにゴルフや、ハンマー投げ、槍投げ、砲丸投げ等があります。惰力で動作が続いているようですが、止めるのが正しいと思います。ゴルフのパットの場合、ボールの直前で止めて惰力で打ちます。正確な方向と距離が計れます。ところが止めずに当てると、力の配分が定まりません。下手をするとコツンと当てて動き出したボールを押すようなドリブルにもなりかねません。変わったところでは手裏剣投げやダーツ投げです。手首を伸ばしたところできっちりと止めるからスピードも出るし、的を正確に狙えるのです。

次に大きなタブーへの切り込みは〈フォームを持たない〉でしょう。

従来打法は、横を向く、腰を落とす、ボールをインパクトする位置等いろいろ定型のフォームがあります。ボールの変化は無限です。それに定型のフォームで対応するのはナンセンスです。

しかもそのフォームが間違っているのです。既にフォロースルーが無意味であることを説明しましたが、従来のフォームはフォロースルーを重視するフォームなのです。〈新打法〉ではインパクトの位置を予測してからテイクバックをします。ネット上10センチとインパクト位置を結んだ延長線上に素早くテイクバックをします。この時力を抜いていると自然に限界まで到達して撥ね返る感じになります。感じるという表現ですがエネルギー的には後ろに行くエネルギーと筋肉の捻じり戻しのエネルギーとの拮抗の結果なので、大きなエネルギーを内包しているのです。ちなみに、従来打法では待ち受けポーズになりますが、エネルギーは全く内包していないのです。

〈新打法〉に待ち受けポーズはありません。スイングの折り返しがあるだけです。打方向や強弱の調節があるだけです。足元を固定する必要もないのです。位置を決める必要はありません。始まりはネットに平行の状態で突っ立ちます。腰を落とす必要もないと思います。その後ボールを追いかけたままの状態で止めれば良いのです。余裕が無ければ止めなくても良いのです。アプローチをしながらスイングしてインパクトまでに届けばそれでも良いのです。従来打法では当てて押すという考えなので、同じ事は出来ないのです。

## (追記148) 硬式テニス新打法の基礎知識その4

〈新打法〉はフォームを持ちません。

フォームを持たないことをもう少し掘り下げてみたいと思います。初歩的な話になりますが、従来打法では先ず、一定の高さと一定の体勢で打つことを教えます。初心者がテニスを始めるに当たって必要なプロセスかも知れません。確率的に最も多い高さで練習するのですから。

しかし、問題なのはこれが恒常化することです。次に教えるのは、その高さとその体勢で打てる場所にいかに早く到達するかなのです。そしてそのまま上級に進むのです。気が付けばコート中を素早く走り回るプレイヤーになっているのです。その最先端にいるのが錦織圭であり、その最先端のパフォーマンスがエアーケイです。ショーとしては最高のパフォーマンスです。

素早くコート中を走り回り、最後にエアーケイで仕留めるのです。しかし〈新打法〉の立場で見ると、無駄な動きが多すぎます。エアーケイも仕留めに使うから格好いいのですが、もしも返球されたら、アプローチが遅くなり崩れる原因になります。エアーケイは究極の従来打法です。高さとフォームを固定したまま、その高さの場所にアプローチできなかった場合、飛び上がって同じフォームで打っているのです。

〈新打法〉では初心者の段階で身体の使い方を教えます。バウンドの高いボールはやや身体の前でインパクトします。こうする事によってやや上から下に向けたスイングができます。野球のスリー・クォーター・スローのようになります。

ちなみに従来打法ではボールが下がってくる位置まで待とうとする為、身体のやや後ろでインパクトするミスが多くなります。又〈新打法〉ではアプローチで処理するのではなくてスイングの仕方で処理します。

高いポイントでインパクトする場合はボールから離れる側に身体を傾けます。スイングが自然に高い軌道を取ります。逆にボール側に傾けると、低い軌道のスイングになります。両足を結んだ延長線上でインパクトをするから可能になるのです。従来打法では両足に直角方向でインパクトするので傾けるとバランスが取れないのです。

次に距離の微調整です。従来打法では基本フットワークで距離を調節します。〈新打法〉ではフットワークを使わずに距離を合わせます。先ずは肘の曲げ伸ばしです。最も近いボールを打つ時は、肘を折りたたんで手首を胴に着け胸を回して打ちます。

もう1つの打ち方は、体重をボールから離れた側の足に移動して打つのです。2つ合わせるとほぼ真正面のボールも打てます。足を広げてから体重移動をすると真正面はOKです。逆に離れたボールは足を広げ体重移動して近づきます。最も離れたボールには大きく片足を出してその足に体重を乗せ身体を倒します。そして横になったスマッシュのようにスイングします。これらの事を頭で理解しておけば良いのです。全て身に付ける必要はありません。

従来打法のフォームは、無限のフォームの中の1つであると理解することです。

勿論〈新打法〉は従来打法のフォームを排除しません。必要なケースもあります。無限のケースに無限な対応をするだけです。先ずはこれを理解することです。全て身に付ける必要はありません。しかし競い合う中で、やがて従来打法を追い越す世界的プレイヤーが生まれるでしょう。

## （追記149）硬式テニス新打法の基礎知識その5

〈新打法〉の極意はインパクトの直前で動作を止めることです。
この事を理解するのは簡単ではありません。でもその理由を列記するのは簡単です。

1、周りに〈新打法〉を実践している者がいない。
2、惰力が働いているので視認するのが難しい。
3、スイングスピードが最高になった時点で止めるのは難しい。
4、何を、どうして、止めるのか分からない。
5、なぜ止めないといけないのか分からない。

以上、思いつくままに書きましたが、これだけあれば理解できないのは当然でしょう。

この順でもう少し掘り下げてみましょう。

1、〈新打法〉を実践している者はおそらく世界にも、プロの中にもいません。『硬式テニス新打法』が２０１５年６月15日に発行されましたが、殆ど普及していません。

るでしょう。

現在も〈従来打法〉のままです。著者の私はテニス業界とは無縁であり、普及の術がありません。しかし、時間はかかるでしょうが、必ず世界のテニス界の常識になるでしょう。

2、私は壁打ちをして〈新打法〉を研究しました。現在もその研究を続けています。私の壁打ちを見ていて、「普通にフォロースルーをしているように見える」と言われました。スイングスピードが数倍速い事は見落とされています。「インパクトの直前に止めているから、この程度のフォロースルーになるのです」と説明しても、分かってもらえません。

3、「高速で、直前に止めるのは無理」と言われることもあります。慣れたら簡単なのです。〈新打法〉は手首75度、握り15度、肩45度、腰45度を同時に後ろに捻じり、反動を利用して捻じり戻します。つまり全て0度になった所で止めるのです。打方向の調節目的で少しだけプラスマイナスするだけです。いくらスイングを速くしても止める場所は狂いません。
実は従来打法のインパクトは大変難しいのです。肩は90度スイングしますが、その途中でインパクトします。そしてインパクト前後に手首や腰を使いますが、全て途中でインパクトします。その途中というのは位置や分量が決まっていません。慣れと勘しかありません。そしてそれぞれの円運動を使いきる訳ではありません。全て個人的な判断に任されているのです。この従来打法に慣れている者からすれば、直前で止めるのは大変難しいと思うのは無理もありません。

4、止めるのは全ての筋肉の動きです。足の爪先から手の先まで、目の動きまで止めるのです。脳がその指令を出すのです。しかし、惰力が働いて筋肉も止まりません。惰力の影響を受け易い所とそうでない所があります。踵又は爪先に回転の惰力が集中します。又、ラケットを支える手首に負担が集中します。ラケットの円運動の惰力を手首で止めるからです。従って脳が制止の指令を送るのは手首に対してだけで良いのです。握りを締めるだけで身体全体を止めることができるのです。

5、そもそも止める必要があるのかの疑問に戻りましょう。

従来打法は直前に力を加えてインパクトします。〈新打法〉とは正反対の考え方です。これには2つの問題があります。1つは、直前に力を加えたから力がラケットヘッドに伝わるのではありません。初動に大きな力を加え、加速距離を取って加速するのです。自転車の立ち漕ぎと同じ要領です。もう1つは反作用から身を守る事です。目一杯力を加えながらインパクトすると、反作用がもろに身体に返ります。従来打法では余り強打は出来ませんが、それでもラリーを続けているうちにどんどん強打になっていきます。パワーテニス時代は故障者が増えています。惰力で打つ〈新打法〉に変えなくてはなりません。〈新打法〉は数倍のスイングスピードになります。衝撃力も数倍になりますが身体には全く反作用は返りません。

## （追記150）硬式テニス新打法の基礎知識その6

比較的にうまい男女4名がラリーをしていました。片方のコートに女性、もう一方に男性でした。女性にしては強打をするなあと思いながら見ていました。男性は手加減をしているのか分からないが互角のラリーでした。ある共通点に気が付きました。インパクトの直後、ラケットの面を伏せているのです。インパクトのポイントからフレーム幅1つ分くらい離れてからです。既にボールは数メートル離れています。その行為がボールに影響を与えることはありません。

まさか、それをしているからドライブがかかっているとは思っていないでしょう。それではなぜそんな行為をするのでしょう。今は出来ていなくても、その内もっと上達したらできるようになると思っているのでしょうか。

4人のボールはある程度ドライブがかかっています。その為少し複雑になっていきます。しかし、そのドライブはインパクトの時に擦り上げているのが原因で、面を伏せたこととは関係がないのです。いくら上達しても、いくら速くスイングしても、関係が変わることはありません。

100メートルほど離れたところから見ていても分かるのに、なぜ仲間同士で分からないのでしょう。それは従来打法が〈当てて押す〉で成り立っているからなのです。もっとゆっくり当ててみようとか、もっと速く当ててみようとか試行錯誤しながら、泥沼に入り込んでいくのです。

発想の転換が必要です。当てて押すことは不可能なのです。ボールは押す行為より先に跳ね返ってしまうからです。押すことが無理なら回転を掛けるのも無理なのです。〈硬式テニス新打法〉は明確に答えを出しています。当てて何かをするのではありません。何かをして当てるのです。例えばスピードを出してから当てます。惰力に切り換えてから当てます。ドライブ回転やスライス回転も、その仕掛けをしてから当てます。それも含めて惰力に切り換えてから当てます。

新打法はインパクトの直前で動きを止めます。すると身体とラケットが一体となった重量の惰力に変わるのです。その惰力はそれまでに与えられたエネルギーの方向を忠実に守ります。惰力のインパクトの反作用は身体には返りません。衝撃力は重量×加速度です。体重と一体となった重量はラケットだけの重量のおよそ60倍です。しかも反作用が返らない為、スイングスピードは上げ放題です。逆に従来打法では反作用で身体を痛めるのでスピードを上げ過ぎないようにしているのです。

## （追記151）硬式テニス新打法の基礎知識その7

従来打法では足の使い方を徹底的に教えると思います。足を細やかに素早く動かせる練習までは良いのですが、それがフォームと結びつくのが良くありません。あるボールを追いかけて、一定の高さで、一定のフォームで、一定のインパクトをする為に、一定の足元を決めるのは無駄であるだけでなく、害悪です。

この事を言うと沢山の反論を受けるでしょう。例えば一瞬を争う時に足元を決めなさいと言われたら、それだけで狂ってしまいます。そして決められたフォームで打とうとすれば、わずかのポイントのズレを直すことが出来ないのです。

〈新打法〉では足はスイングと切り離します。足は体重を支える為、移動する為に専念します。足の向きとか、置き方とか、踏ん張るとか、一切スイングと関係ありません。

足元の形とスイングとを結びつけて練習してきた人はフラフラになり、難しいと思うでしょう。そうではありません。スイングに足元は関係がないのです。その事を身体が一度理解すれば、どんな不自然なスイングをしてもフラつくことはありません。なぜなら、足元は固定していないから、重心の微調整は簡単に出来るのです。

そもそも、打方向を決めるのに足元の形は関係ありません。〈新打法〉では背骨を中心にスイングします。骨盤から下の足元の動きはスイングと切り離されています。

相手コートの端から端までの方向調整は腰を捻じるだけで出来ます。勿論手首の向きを変えるだけでも十分です。

腰を45度回転させては腰を痛めるのではないかと言う質問がありました。

正確には腰に初動の回転エネルギーを与えるのですが、そのまま腰の一部が45度回転するのではありません。背骨は細切れになって繋がれています。少しずつ上になるほど大きく回転をして胸のあたりで45度の回転になるのです。つまり捻じれながら上方に伝わっていくのです。そして肩に影響を与える場所で45度の回転が完成するのです。動物全体に言えることですが、人間の身体は本当に合理的に進化していますね。

方位について従来打法では三角形をイメージします。足元を基準に考えるからです。

後ろ足を基準に考えて前足をどうすれば角度が変えられる、というふうに考えるのです。上から見れば両足とインパクトポイントの三角形が形を変えるイメージです。〈新打法〉では独楽と同じです。背骨中心の円運動だけです。角度を変えるのは簡単です。ゲームをする立場で見れば、これほど相手を困らせる打法はありません。どの方位に打つかはインパクトが終わるまで分からないのです。

## （追記152）硬式テニス新打法の基礎知識その8

スイングの力学的な見方として、ラケットヘッドがきれいな円運動をしていることが最大のパワーを生みます。芯が動かない独楽の回転が最もパワーを持ちます。喧嘩独楽をすればすぐ分かります。一見強そうな暴れ独楽が静止しているように静かに回っている独楽にぶつかると弾き飛ばされてしまいます。

テニスのスイングも同じです。真上から見れば綺麗な半円が描かれているのが良いのです。正確には、新打法は半円の最後でインパクトします。フォロースルーはありません。その分テイクバックを重視しますが、初動部分は円運動が小さくなります。

一方、従来打法ではインパクトの後のフォロースルーを重視します。この部分は円運動が小さくなります。いずれも水平方向から見ればラケットヘッドは直進に見えないとパワーが出ません。ボート状にウエーブがあるのは構いません。中心とヘッドを結ぶ延長線上から見れば直進になっていれば良いのです。新打法では低いボールを打つ場合、意識的に軸を傾けて円運動を行います。

従来打法には幾つかの欠点があります。先ずラケットを立てて待ち受け、後方にラケットを倒して初動のパワーを付けます。そして下がったヘッドを跳ね上げて打つのです。この行為は肩を中心のブランコの動きになっています。そしてインパクト時は腰又は背骨中心の円運動を行います。つまり2つの回転の動きは方向が違っているのです。これではパワーが出ません。不協和音を聴いているようなものです。なぜこんな打ち方を長年続けてきたかと言うと、〈当てて押す〉という理論がある為、インパクトの直前までヘッドスピードを上げてはならないと考えるからです。インパクトの時だけスピードを上げれば押すことが出来ると考えているのです。

もう1つがウエーブを付けてドライブ回転を与える為です。この2つはどちらも間違っています。前者はヘッドスピードを上げることは出来ません。ヘッドスピードは初動から力を加え、加速距離を取って加速するからスピードが出るのであって、直前で力を加えてもスピードが出るわけではありません。又円運動の方向は全て同じにしないとパワーの合成になりません。

次にドライブのかけ方です。肩を中心の円運動で下から擦り上げるのは余りにもエネルギーロスが大きいです。しかも、その為にスイングにウエーブを入れて二重にロスをしているのです。

〈新打法〉はストレートとドライブのスイングは全く同じです。手首の角度を変えてラケットヘッドを下げるのです。そしてインパクトの直前に元の高さに戻すのです。スピードを落とさずに下から跳ね上げることが出来ます。ラケットの軌跡は直進です。ウエーブではありません。勿論、スピードを落としたいのなら従来打法のドライブにするのも有りです。

## (追記153) 硬式テニス新打法の基礎知識その9

今まで新打法が従来打法といかに違うかを述べてきましたが、発想が全く違っていますので、理解されていない部分があると思います。本項では誤解され易いところをピックアップして解説してみたいと思います。

先ず、ショットポイントを決めてからテイクバックをする、についてです。新打法の根本原理は、手首75度、握り15度、肩45度、腰45度を後方に捻じり、行き着いたところで撥ね返ります。そのエネルギーを使って初速に力を入れ、捻じり戻してインパクトします。ネット上10センチとポイントを結んだ延長線上に向かって後方に振るのです。理論上はインパクトする場所から後方に振るのですが、これは概念です。現実は流れに応じた姿勢から始まります。待ち受けポーズは取りません。出来るだけ大きく、速く、撥ね返り方向がインパクトポイントに向かうように心がけるだけです。つまり可能な限り、テイクバックラインとスイングラインを同じにするのです。

次に、腰を45度捻じるについてですが、これも概念上の話なのです。実際は腰を45度捻じる事はできません。背骨はバラバラに分かれていて、ゴム状の物でつながっています。腰の捻じりが上に上がるほど大きくなり胸板が45度捻じれるのです。しかし胸板を回転させる為には腰を回転させる筋肉を使わないとだめなのです。一方の筋肉を縮め、他方を伸ばすことによって捻じりが起こせるのです。

従来打法ではラケットを持つ手でない方の腕を振り回すことによって胸板を捻じりますが、この行為はインパクト後の行為であり、仮にインパクト前であったとしてもインパクトには影響しません。胸板の捻じれは背骨の捻じれからの結果であって、結果だけ合わせてもインパクトに回転エネルギーが届きません。独楽を両手で直接回す時、心棒を回せば独楽は回りますが、胴体部分を回しても独楽は回りません。それと同じです。

さらに腰の45度は流動的です。離れたボールを追いかけると身体が横を向いています。従ってテイクバック0度、捻じり戻しが45度となります。この場合、従来打法と似てきます。しかし、従来打法が単に捻じるのに対し、新打法ではあくまでも捻じり戻しの一変形なのです。

次に新打法では足元はスイングに加わりません。これも概念上のものとなります。なぜなら足と腰は生身の骨肉で繋がっているからです。足はボールに接近するだけに使います。スイングは腰から上だけを使います。切り離す為には意識が必要です。

足元がどういう動きをしているのかを脳が正確に掴む必要があります。そうして初めて上半身が足元と別行動が出来るのです。

難解な命題の1つに、力の配分があります。従来打法ではインパクト時に力を入れます。新打法ではインパクト直前に止めます。まるで正反対の動きです。インパクト時に力を入れるということは、100メートル徒競走に当てはめると全速力でテープを切ることです。そのエネルギーの半分はテープを切った後に無駄に使われます。そんなエネルギーがあるのならゴールまでに使い切りましょう。

それでは新打法はなぜ直前に止めるのでしょう。惰力に切り換える為です。この惰力の性格は体重とラケットの重さが一体となったエネルギーの惰力であり、円運動から直進に変わっていきます。又、インパクトの反作用が身体に返らない特徴を持っています。

それでは次の疑問に移りましょう。直前で上手く止められるか?です。

簡単です。初めからインパクトの直前で止める意識を持って、止める位置を決め、止める目的で、エネルギーを出し切って止めるのです。燃え尽きるローソクの炎が最後にパーッと燃えあがるようにエネルギーを出し切るのです。

さらに進んだ疑問です。最速の中で合わせられるのか？　です。

時間を合わせて止めるのではありません。止める場所は振る前から決まっています。

そして時間を合わせて振り始めるのです。手首の捻じり戻しの部分だけ余裕を残しておきます。そしてそのボレー部分で振る時間の再度の微調整をします。止める時間の微調整ではなく、振り始める時間の微調整です。長く止め続ける必要はありません。一瞬止めるだけで惰力に切り替わります。

一度会得してしまえば簡単に出来ますが、先ずは、概念を理解する事が必要です。

## （追記154）硬式テニス新打法の基礎知識その10

衝撃力は加速距離に比例します。加速距離は只の距離と違います。力を入れ続ける距離です。初心者の多くはボールに当てに行きます。そしてボールが近づいてきた時に力を入れ始めます。この場所から加速距離が始まるのです。元々スイング距離が短いのに、加速距離がその半分くらいなのです。その代わりにフォロースルーに力を入れます。残念ですが、インパクトの後の力も距離も何の意味もありません。

新打法は考えられる最大のスイング距離を取ります。そして大河も露の一滴からと言われるように、最初の撥ね返りの力を大切にします。

基本は正面を向いて真横でインパクトします。その位置から手首75度、握り15度、肩45度、腰45度を後方に回転させ、反動を利用してスイングをして元に戻すだけです。合計180度の往復となります。勿論、180度は最大の場合であり、間に合わない場合は縮めてもよいです。テイクバックの前半部分はイメージであり、実際にインパクトの位置からは始めません。状況に応じた待ち受け姿勢から、イメージの軌跡に合流します。

撥ね返りが分かり難いと言う声もあります。

利き手の掌を軽く伸ばし、その掌の指先をもう一方の掌の指先で押してから横に外すと、押された指先が力を加えないのに戻ります。微妙な動きですが、手首、肩、腰の動きを全部合わせると大きな力になるのです。書道では筆の毛先1本の入りを大切にします。この微妙な動きを大切にしない人は綺麗な文字は書けません。

テイクバックは力を抜くほど速く振れます。そして撥ね返りが分かるようになります。この跳ね返りを意識することはスイングスピードに影響するだけでなく、打方向の見極めにもなります。撥ね返り位置とインパクト位置の延長線にネット上10センチがあれば良いのです。上下すると判断すれば、その分ラケットの面を調節すれば良いのです。ドライブをかけたい時は手首の力を抜き、ラケットの重みでラケットヘッドだけを下げます。インパクト時に0度に戻せばナチュラルドライブとなり、スピードは落ちません。

最大の力を入れるのは撥ね返りの直後、初動で入れるのです。自転車の立ち漕ぎと同じです。その後抜いた力を入れ続けるのです。インパクト時の瞬間速度は加速距離が上げるのです。そして新打法の極意は直前で一瞬、身体を硬直させるのです。それは握りを締めるだけで出来ます。するとラケットと身体の合わさった重量の惰力でインパクトをします。

どんなにスピードが上がっていても反作用は身体には返ってきません。

インパクトの微妙なタイミングを合わせるのは手首の返しでします。ボレー部分の振り始めで合わせるのです。止めるタイミングを合わせるのではありません。新打法のストロークはストローク＋ボレーの事です。

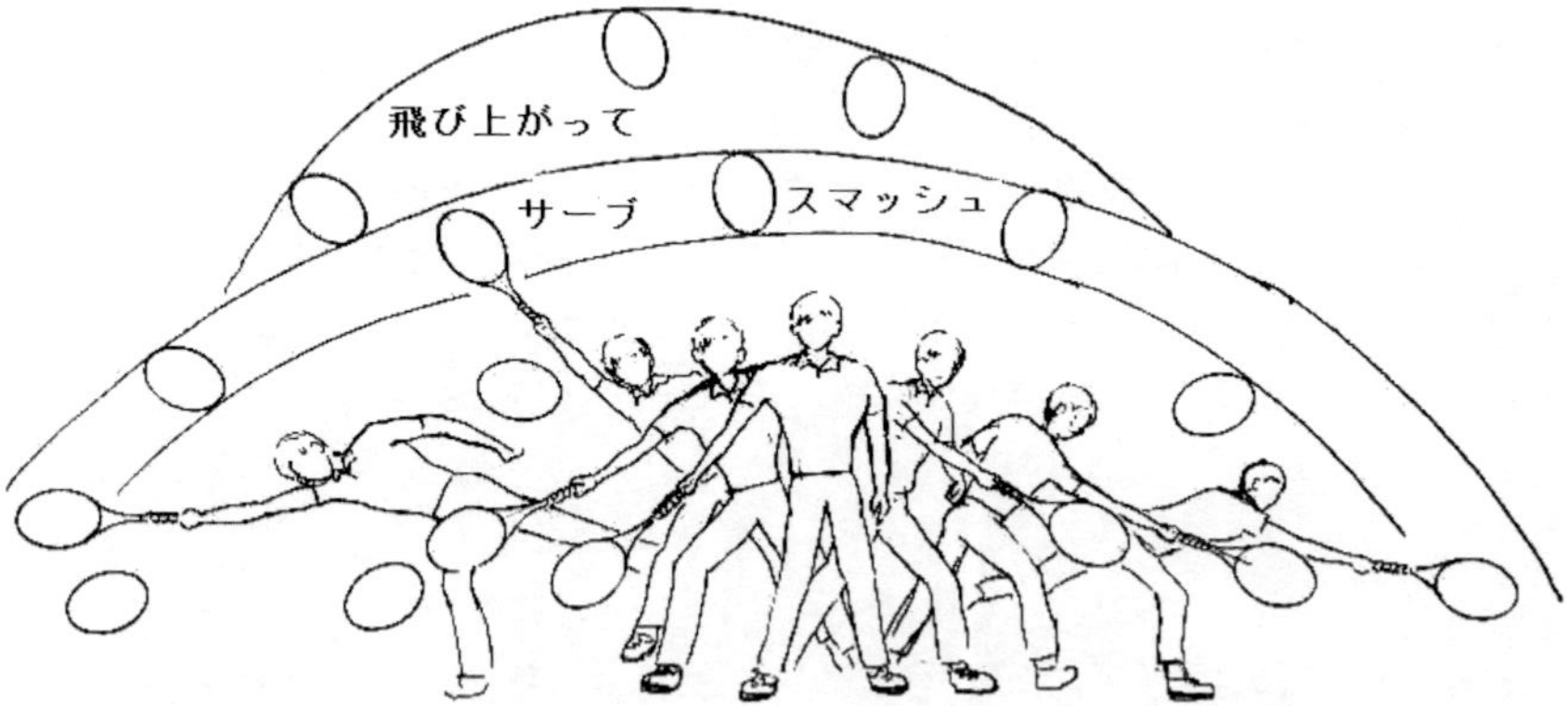
飛び上がって
サーブ
スマッシュ

# ブログ抜粋編

## （追記26）北京オリンピックでのウサイン・ボルトの走り

先日、テレビでオリンピックの名画面のコーナーがあり、久々にウサイン・ボルトのゴールシーンを見ました。私は硬式テニス新打法をウサイン・ボルト打法と命名してもよいと提案しました。それは彼がゴールを切る前に走り終えているからです。新打法もボールに当たる前に振り終えているのです。そして惰力がボールを叩くようにするのです。ウサイン・ボルトは残り数歩を惰力で走っていました。数歩といっても歩幅が大きいので10メートル位でしょうか？

ところでその時のコメントが変でした。〈ゴール前では欽ちゃん走りにしていても、記録が出たのだからすごい〉と言うようなコメントでした。単に笑いを取ろうとしただけかもしれません。確かに欽ちゃん走りというか、両手をだらりと下げてペンギン走りのようでした。ウサイン・ボルト自身、おそらくこの時だけしかしなかったのではないでしょうか？

しかし、この時は手を抜いていたのでしょうか？　そうではありません。よく見ると、スキー・ジャンプの着地前のポーズなのです。浮力を調節しながら、前方からの風圧は受けないようにするポーズだったのです。又、水泳のゴール前で手の回転を止め、惰力でフィニッシュを決めるのと同じ原理です。100メートル走では見慣れない為に、欽ちゃん走りに見えたかも知れませんが、理解すると研究された動作だったことが分かります。

## (追記29) 全豪オープンテニス準決勝を見て

2016年全豪オープンテニス準決勝、ジョコビッチ対フェデラーの試合をテレビで見た。錦織が準々決勝でジョコビッチに完敗したのに続き、フェデラーも3対1で敗退した。ジョコビッチが「最初の2セットは、疑いようもなく完全無欠のテニスができた」と自賛するように全試合を通じて素晴らしい出来であった。それでは一体何が良かったのでしょうか？　少し新打法との絡みで私の感想を述べます。

ジョコビッチは驚くほど打球に癖がない。特別の戦法もない。まるで横綱相撲を見ているようである。只単に打球が速い、長いのである。打球は正確にネットの上すれすれに通過して、ライナーでベースラインぎりぎりの所に届くのである。しかもサイドに対してもぎりぎりの所を正確に打ち抜いている。これに対応するには下がって打つ訳にいかないのだ。正確にサイドを打ち分けられると対応が間に合わないのだ。その為フェデラーはベースラインぎりぎりの所で対応せざるを得なかった。勿論、前位置で戦うのが勝利の方程式であり、フェデラーにはそのテクニックがある。しかしそれはジョコビッチ以外の場合に通用するものだ。ジョコビッチのボールは低い弾道でベースラインぎりぎりに入ってくる。フェデラーは殆ど着地をした直後の低いボールを打っていた。速い、重いボールの対応を少しでも外れると打ち負けて力のない浮いたボールがベースラインを越えることになる。それはサーブにも殆ど同じ原理が働いた。かつてランキング1位を謳歌していたフェデラーでさえも崩せなかった王道である。この王道は、実はそれほど難しくない。ジョコビッチはベースラインを狙って打ったのではない。打った球が必然的にベースライン際まで延びるだけなのである。

さて、新打法の話に戻ろう。新打法のめざすものはこの王道である。スピードと正確さを限りなく追求した打法である。ジョコビッチの打法が新打法に近いのかどうか、画面を見ていてもよく分からない。しかし新打法の打球は間違いなくジョコビッチにつながっていると筆者には思えるのです。

# （追記31）「硬式テニス新打法」の究極のパターン

毎日のように橋脚に向かってテニスの壁打ちをしていると、いろんな同好者が現れる。時々少年や親子連れを見かける。少年の場合は数人のグループでやってくる。親子の場合はお父さんが小学生の子に教えるパターンが多い。殆どの者があまり上手いとは言えない。共通して子供はある事をしたがる。それは緩い山ボールを壁に当て、後ろ向きになって股間から打つ動作である。おそらく錦織圭の真似をしたいのだろう。錦織圭がネットプレイをしていてロブを返された時、必死に後ろ向きに走りボールを追いかけ股間から打ち返すのは、ラインが読めないので、相手は苦戦するのである。しかしこれは子供たちが憧れるような攻撃的なプレイではない。本当は横に追いかけて横から打ちたいのだ。なぜそうしないかと言うと、それでは間に合わないのだ。真っ直ぐボールに向かうのが、一番距離が短くなるのだ。その結果股間から打つしかなくなるのだ。このプレイは究極の必死さがないと成立しないものである。私は年のせいか、それをしようとは思わない。しかしながら、この動作は新打法の究極の１パターンである。新打法は先ず振る。そして角度を合わせて止める。フォロースルーは無い。遠くの場合は、先ず振る。それからポイントに届かせる。そしてボールが当たる直前で握りを閉めて体を固めて惰力でボールを弾き返すのである。従来打法はフォロースルーが要る。しかしこの場合、フォロースルーをすると股間に当たるので出来ない。したがって必要に迫られて新打法を取り入れているのである。新打法はフォームを持たない。新打法を身に付ければ只の1パターンに過ぎなくなるのである。

## （追記32）２０１６年全仏オープン錦織vsガスケ

錦織の全仏の戦いを見ることが出来た。第3戦までは錦織の優勝も期待される内容であった。正確には第4戦の第1セット第7ゲームまではである。しかし雨で中断した後は凡ミスが続き敗退することとなった。周りの評を見るとガスケの「片手打ちバックハンドの勝利」とか「雨に泣いた錦織」等である。錦織自身が「一番の敗因はボールが重くなったことでウィナーが取れなくなった」と答えている。凡ミスの中身は20センチ以内のウィナー崩れであった。本来勝利の方程式にあるショットがわずか20センチ以内でことごとくアウトになるのである。雨は初戦にも降り、日をまたいで戦うことになった。それは心身のコンディションにも影響したであろう。しかし第4

戦はもろにクレーコートのサーフェスに影響した。土の為、水を含んだコートの硬さは変わり、ボールの重さが増した。しかし、そう言っていては収まらない。悪い状況はガスケにも対等に影響しているからだ。それでは何が2人の明暗を分けたのであろうか？

それは打法の違いである。但し、単に片手バックハンドと両手バックハンドの違いではない。敢えて言えばガスケの方が私の提唱する新打法に近かったのである。

新打法は雨の日に生まれたようなものである。いつものように私は橋の下で壁打ちをしていた。私は打球の速さには自信があった。しかしその日、水に濡れて重くなったボールを打っていて肘を壊した。

次の日から肘が痛くてそれまで通りに打つことが出来なくなった。それでも私はテニスの壁打ちは止めなかった。そして新打法を開発したのである。それは加速距離を延ばして衝撃力を高め、そしてボールに当たる前にラケットも動作も止めるのである。こうすることで反作用は肘にもどこにも返らなくなったのです。そして抜群に返球は速くなり、正確になりました。

従来打法では加速距離よりもフォロースルーを重視しているのです。その為重くなったボールを弾く時、わずかな角度のずれ、正確には遅れが起こるのです。半面、ガスケは加速距離を十分にとって片手バックハンドをしていたので、ボールの重さに影響されなかったのです。むしろ湿ったボールが回転を掛け易くなった分有利になったのです。尚、従来打法は円運動をしながらボールを捉えるのでガットとボールの反発時間のわずかな延びが角度に影響するのです。このため錦織は普段通り正確に振っているにもかかわらず、ボールの着地点がずれてしまったのです。

## （追記33）究極のラケット

元々壁打ちをやりだした初期の頃に買った中古ラケットが音を立てて折れた。フレームが内側に入り込み虫取り網のようになった。その後2〜3本買ったのはそれより重い。新打法をやり出してからラケットヘッドのスピードが速くなっていた。久々に初期の軽いラケットを使うと面白いようにスピードが上がる。はしゃいで打っているとラケットの先が内側に折れたのだ。今までガットをよく切っていたが、ガットが切れずにガットがフレームを引っ張りフレームが折れたのだ。勿論使い古しの為弱っていたからであり、安物であったからである。

大阪の京橋駅近くのテニスショップにある大量の中古ラケット庫の中から、マスターに〈最も軽く、最も丈夫で、フレームが大きくて、ガット目の密度の高いラケット〉を選んで貰い、注文通りのものを購入した。

それは今まで手にしたことのない軽さであった。まるでバドミントンをしているようであった。

初め重いボールに弾き返されることを心配した。しかし慣れてくると面白いように速い球が打てるし、反応時間がますます短くなった。まるでじゃじゃ馬を手なずけるように壁打ちが面白くなった。しかし、これは新打法だから可能なことである。従来打法では、ボールに押されたり、肘を痛めたりするであろう。

## （追記35）クルム伊達のカムバック

２０１７年5月1日の報道ステーションで、松岡修造がクルム伊達にインタビューした内容が放映されました。クルム伊達が左膝半月板を損傷し、手術をして1年4ヶ月ぶりに公式戦に復帰するという内容でした。左の足の太さは右の半分ぐらいまで落ち、痛々しい状態からの懸命なリハビリでした。

松岡修造は質問しました。

〈46歳という歳であり、こんな大手術を乗り越えてまだ現役にこだわるのはなぜか〉という質問でした。クルム伊達は答えました。〈まだやり残した感がある〉という内容でした。そして〈それは勝敗ではない〉とも言いました。

そこで私なりの感想です。究極の威力、スピード、省エネ、正確さを追求した打法です。私はこの打法を世に出したいと願いながら、71歳の老体に鞭打って連日壁打ちを行っています。足さえ動けばコートで活躍できると思っています。私は全くの素人ですが思いはクルム伊達と共鳴していると思います。

クルム伊達の打法は「硬式テニス新打法」に近いと思います。クルム伊達は自分が身に付けた「新打法」が何歳まで通用するか追求したいのだと思います。

## （追記37）新打法への移行

私は老後と言える年になってから、体力維持とストレス解消の為、毎日のように壁打ちをするようになった。強いボールの連打はストレス解消になる。ところが雨上がりの日に濡れたボールでいつものように強打していると、翌日肘が痛くて打てなくなった。私にとっては壁打ちが出来ないのは大変なストレスであった。1打するごとに涙が出るほど肘に痛みが走った。

「半年は休まないと治らなくなるよ」とアドバイスしてくれる人もあった。それでも私は休まなかった。何とかして肘に痛みが走らないように打てないものかと試行錯誤した。そして新打法に行きついたのである。打球の威力は少しも落とさずに肘の痛みも感じなくなった。

行きついた答えは〈ボールに当てる前にラケットを止める〉であった。私は夢中になってスピードを上げた。半年の患いと言われた、痛んだ肘が全く気にならなくなったのである。

## （追記39） 新打法は究極の怪我対策

錦織圭が手首を痛めて今期のツアーが絶望的とのことだ。9位まで下がったランクが又下がってしまう。残念な事であるが、錦織圭の打ち方ではこれからも怪我が付いて回るであろう。

錦織圭はボールの接近をぎりぎりまで待って手首を一気に返す。同時に腰もそれに合わせて一気に回す。コンパクトでシャープな打法である。スピードとコントロールを兼ね備えた打法である。しかしこの打法には大きな欠点がある。反作用があまりにも大きい。衝撃が体に返ってくるのだ。相手が重いボールを打ってきた時、又はボールが濡れたり、湿っていて重くなっている時に、身体を痛める確率が高い。私の提唱する新打法では、反作用が返ってこないので、体を痛める事は無い。

## （追記40）新打法の極意〝止める〟

硬式テニス新打法の極意は〝止める〟にあると何度も論じてきた。ボールに当たる前に止める、止めたラケットにボールが当たる、振り終わった後にボールが当たる、方向を定めて止める、……その他いろいろな言い方をしてきた。でもまだ分からないという人がいる。そこで最も分かりやすい例を出そう。これらの例は分かっても分からなくても体験そのものである。誰もが体験しているものである。

ハエたたきでハエをたたく。餅をつく。薪を割る。布団たたきで布団をたたく、……等である。これらに共通しているのは床や壁、硬くて重い物が背後にあり、動作を強制的に止める事にある。つまり止める事を前提に何かを振るのである。テニスボールも同じである。軽くて簡単に押し返せると思うから安易にだらだらと振り抜くのである。しかし、ボールをたたくのは一瞬である。畳を這うゴキブリを一瞬でたたくのと同じである。つまりテニスボールがゴキブリに見えればよいのだ。

## （追記42）手裏剣を投げるように

軽いラケットは余りにも速く振れるので、ガットが切れやすい。ガットの張り替えに出していた為、1ヶ月ほど又古い方の重いラケットを使った。手首を速く動かす習慣が付いていた為、重くなったラケットを振り回す時、手首に負担がかかった。早めに振り始めてゆっくりと振ることに慣れた後、又軽いラケットに戻した。再びスイングが速くなった。その為振り始めを1ヶ月前の時よりも遅らせた。スナップは手裏剣を投げるように使えるようになった。

この為、ボールが直前まで近づいてから振り始めることが出来るので、ポジショニングもコントロールも余裕が出来て、より正確になった。スイングは速くなったにもかかわらず、ミスショットは少なくなった。ドライブもスライスもスピードを殺さずに出来ます。弾丸のように飛ぶボールからは想像しにくいが、身体への負担は全くないのです。

## （追記44）全仏オープン錦織vsシモンを見て

2018年6月1日、パリ・ローランギャロスの錦織の出来が良かった。と言うよりテニスの最高峰の模範演技を見ているようであった。両者のストロークが冴え、ラリーは何度も20回超えをした。一進一退の互角の強打、精度の応酬であった。しかし徐々に錦織がポイントを上げていくようになった。

その要因はポジショニングにあった。錦織は1メートル前位置守備を選んだ。逆にシモンは1メートル後位置守備になった。理論的には前位置守備の方が広角に打ち分けられる。1メートル後位置守備を取ったシモンが不利になるのは当然である。しかしこれはあくまで理論的な話である。前位置守備でスピードを落とさず、近づいた相手コートのライン内に、広角の打ち分けを瞬時にするのは高度な技術が要る。錦織はそれを体現して見せたのである。ライン際すれすれを狙ったというのは間違いである。前位置で強打すれば当然である。むしろ余裕をもって入る方が不自然なのである。対シモンでのすれすれのポジショニングだったのである。

さてこれからが本論である。錦織は方角を定めてボールに当たる前にラケットを止めていたように見えた。又、ネットに平行に構えて背骨を中心に身体を回してフォアとバックを打ち分けている時が多かった。サーブもストロークも強打になっていたが、その打法も含めて私の提唱する新打法に近づいたように思える。文字通り怪我の功名である。

## （追記45）全仏オープン錦織vsティエムを見て

2018年6月3日、パリ・ローランギャロスの錦織の出来は悪かった。と言うよりティエムの出来が良かった。シモン戦で〈テニスの最高峰の模範演技を見ているようであった〉錦織のプレイがティエムのパワーとスピードの前に通用しなかったのである。ティエムの220キロにも達するサーブや深くて重い打球に対応できなかったのである。シモン戦で〈ライン際すれすれを狙ったというのは間違いである。むしろ余裕をもって入る方が不自然なのである〉と解説しましたが、ティエム戦ではライン内に入れることができなかったのです。4回戦のティエムの出来には誰もが通用しないでしょう。と言ってしまえば話が終わってしまう。ティエムのパワーとスピードには錦織の俊敏さが通用していない。

スピードとパワーの源はラケットのスイングスピードです。このスイングスピードを上げれば良いのです。錦織が同じだけのパワーとスピードを出せたら結果は違ってきます。新打法ではおよそ次のように説いている。最も長い移動距離で最も短い時間でラケットを振る。初速を得る為にはテイクバックの撥ね返りを利用する。十分な加速をしておいてボールに当たる直前に手首を2段ロケットのように使い、そして当たる前に狙いを定めて、面の角度を合わせて止める。そして身体と一体化させて惰力に切り替えて当てる。この時ボールに回転を与える為に腕の捻じりを加えるのであるが、この捻じりのエネルギーも惰力に切り替えておくのである。

さて、最も大きな移動距離を作る為には深いテイクバックをする。そして当たる時には、背骨、肩、肘、手首、ラケットヘッドが直線になるようにして当てるようにする。スイングラインは実際はしなっているのであるが、当たる瞬間は最も半径を長くした円運動で終わるようにする。新打法は円運動を直前で止め、進行方向へ直進する惰力に切り替えるのでピンポイントで狙いを定めることが可能であり、又、反動が身体に返らないのである。

しかし、従来打法では当たる瞬間に背骨の回転を入れているので、背骨、肩、肘、手首を直線に合わせるのが難しい。しかも、合わせたとしても、肘への衝撃が大きすぎて痛めてしまう。したがって従来打法では大きな円運動が本源的に出来ない。両手バックハンドに見るようにコンパクトにならざるを得ないのである。

## （追記48）7月7日ウィンブルドン選手権の大坂なおみを見て

大坂なおみがケルバーに2－6、4－6のストレート負けを喫した。日刊スポーツ電子版の文章によると、「強打と少しの安定性だけで相手がミスをするのはノーシード選手まで」と書きながら、「課題は集中力の持続」としている。私に言わせれば原因は明確であり課題もはっきりしている。

原因は打法にあるのだ。大坂なおみの打法は従来打法の欠点を体現しているようだ。フォームをフォアハンドとバックハンドそれぞれに1パターンに固定しているのである。しかもそのどちらもが低く屈んだ姿勢で小さな円運動のスイングをしている。そして両足を進行方向に合わせて止まって打つのである。これでは守備範囲は限られてしまうし、速く散らされる球に対応できる訳がない。

ケルバーを見るとフォームを固定させていないので、余裕をもってのびのびと打っている。テレビの解説者はケルバーがどこに打ってくるか分からないので、大坂なおみは対応に苦しんでいると言っていたが、打法の解説にまで至っていない。ケルバーの足元は固定されていないからである。一方大坂なおみは足元の方向を見ていれば打方向は一目瞭然である。

## （追記49）７月10日ウィンブルドン選手権のケルバーを見て

前回は大坂なおみに注目してテレビを見た。10日はケルバーに注目して4回戦ケルバーvsカサキナを見た。男子の試合はアクションもリアクションも速すぎてフォームがよく分からないが、女子の試合を見るとフォームがよく分かる。

ケルバーの基本フォームは足をネットに平行に構えて打っている。私の提唱する新打法の1要素である。こうする事のメリットは沢山ある。

1、バックハンドとフォアハンドの切り替えが早い。
2、少し当てる角度を変えるだけで左右に打ち分けられる。
3、相手にとってはラケットに当たるまで返球方向が分からない。
4、背骨中心の回転なので最長の半径の大きな円運動が得られる。つまり加速距離が長くなる。
5、足を動かさなくても肘を利用して半径を調節したり、体重移動によりポイントの微調節が楽に出来る、等である。

しかし、

6、テイクバックを大きくすることや、

7、テイクバックの撥ね返りを利用して強いインパクトを得る等は見られなかったので、まだ従来打法が残っている。従来打法はフォロースルーが必要と教えているので、テイクバックを大きく取れないのである。新打法はボールに当てる前に振るのを止めるので、その分テイクバックを十分に取れるのである。

ケルバーの返球は相手に比べると負けていないが、新打法を身に付けると格段に剛速球が返せるようになります。

## （追記51）硬式テニス新打法の原理

フェデラーや錦織圭がバックハンドでダウンザラインのショットを打つ時に、サイドラインぎりぎりの所を狙って打つ。この時ラケットは狙った角度で止まっているのが分かりますね。この打ち方を常時するのが新打法なのです。

私の提唱する新打法はボールが当たる前に狙いを定めて、ラケットの面を定めて止めるのです。身体は止めても長い距離を移動した円運動は止まりません。止める為に一瞬身体を硬直させると、身体ごと1つの塊になってボールに襲いかかるのです。身体を止めたにもかかわらずボールをたたく力は惰力です。その反作用は身体には返らないのです。

原理が分かれば、惰力を大きくするだけで良いのです。その為には①スイング距離を大きくする。②初速を大きくして加速度を付ける。③スイング速度を上げる……等です。実はこのどれも従来打法が妨害しているのです。従来打法はフォロースルーを必要としています。その為、テイクバックのスイング距離を延ばせないのです。又、当たる時に最大の力を出すと教えている為、初速を大きくすることが出来ないのです。結果的にスイング速度も上がらないのです。

## （追記53）硬式テニス新打法と書初め

私は新年3ケ日の内1日は必ず硬式テニスの壁打ちと書初めをすると決めています。

1月3日に壁打ちをしていると、昨年偶に顔を合わせる人が隣に来て同じ壁で打ち始めました。私は速い球を打っていました。その人も速い球を打っていました。その人は同年代と思いますが上手でした。しかし私は心配していました。

従来打法でこんなに速い球を打っていて肘は大丈夫かと思ったのです。私は帰り際にその人に「今日はこれから書初めをするのです」と言いました。すると「手が震えないですか?」と訊かれたのです。

私は「ボールに当てる前に動作を止めているので全く手に衝撃は返ってきません」と答えました。「当たる前に止める事は難しくないですか?」と訊かれたので「当てる場所と面の角度を決めておいて、止めるために振るので簡単です」と答えました。

私も従来打法で打っている時は、帰ってすぐに習字をすると、手が震えていました。私は〈鉄は熱いうちに打て…だから震えている内に習字をすると上達するのだ〉と思っていました。ところが新打法を身に付けたら、ガンガン打っても身体のどこにも影響しなくなったのです。

## （追記54）硬式テニス新打法と壁打ち

新打法は壁打ち練習も従来打法のそれと大きな違いがあります。新打法は従来打法に比べ倍の距離を振り回し、半分の時間でボールを打ちます。ボールを打つ前に動作を止め、返ってくるボールを打つ動作に入ります。フォロースルーは一切ありません。ラケットは重く長いので打力は桁違いですが、動作だけ見ると卓球に近いのです。全体の反応時間が半分になります。倍以上のスピードボールが打てるだけでなく、半分の時間で反応できるので、壁打ちも当然変わってきます。従来打法より数メートル壁に近づいて打ちます。通常は壁をネットに見立てるのですが、新打法ではネットを数メートル壁の向こう側にあるとみなすのです。その為、壁に当てる位置はネットの高さの数十センチ下にします。ネットの高さに合わせてしまうと打球が強すぎて後ろの方まで返り過ぎるのです。実際のコートではオーバーしてしまいます。

壁打ちをする人の多くは壁をネットであると決めてしまう為、共通の間違いをします。返ってくるポイントを合わせるために逆算して高さや、強さを決めるのです。殆どの人が高めに打ち、緩めに打ちます。これではいつまで経っても強いボールは打てません。これでは上達しないばかりか、間違ったフォームが身についてしまいます。しかもドライブをかけろと教えられているので、より緩く打ちます。そうしないと大きく返るからです。ロブの練習にはなるかも知れませんが、ストロークには使えません。ボールに回転が加わってドライブがかかったと本人は満足しているようですが、こんなに緩いボールならドライブをかけなくてもオーバーはしないだろうと思ってしまいます。

## （追記55）2019年全豪オープン大坂なおみvs謝淑薇を見て

女子シングルス3回戦で大坂なおみは謝淑薇に5－7、1－4まで追い込まれながら、5－7、6－4、6－1で逆転勝利した。硬式テニス新打法の視点で振り返りましょう。

大坂なおみがインタビューに「彼女のプレイを予測するのはとても難しかったです」と答えている。その原因は2つあります。

1つは球速です。なおみのような強打はありませんでしたが、その代わりに自由自在に緩急を付けられたのです。しかも最高速度はなおみや観客が予想するより速いのです。コンパクトに当てるだけのプレイスタイルからは想像できない速さだったのです。

そしてもう1つはボールコントロールです。謝淑薇の球速には緩急がある為、前後左右、コート全体に打ち分けられたのです。しかも当てるだけの打法なので、当てる瞬間のラケットの面の角度で打方向が決まるのです。それにスライスが加わるのです。それに比べなおみには強打しかありません。その為前後が無くて左右だけになっていたのです。しかも強打を打つ為にはある程度の距離が必要です。謝淑薇には左右の内どちらに来るのか予想が出来るのです。

大坂なおみは初めて鏡を見た猫のようでした。猫は鏡に映る自分の姿に驚き、威嚇をするのです。猫パンチを出したり、噛みつこうとします。やがて疲れて威嚇を止めると相手も止めます。そこで初めて自分の行動が映っているだけと知るのです。なおみは強打を止めて緩いボールを打ってみました。慣れないボールは上手くいきません。しかし再び強打に戻した時には鏡の原理を見破っていたのです。予測不能の怖さから脱出できたのです。

さて、当てるだけのように見えた打法になぜ、パワーがあるのでしょうか？　謝淑薇はフォアもバックハンドも両手打ちです。そして打つ前に止めているのです。その事によってラケットと体が一体となって壁になってボールに当たっているのです。新打法は両手打ちと無縁ですが、このボールに当てる前に動作を止めるという部分は新打法の極意です。謝淑薇が両手で90度のテイクバックでコンパクトに打つ部分を、新打法では片手で１８０度のテイクバックを扇を一瞬で開くように行い、そして一瞬で閉じるようにしてスイングして当たる前に止めるのです。この大きく速いスイングの惰力でボールを打つのです。ボールに当たる前に動作を止める事により、ラケットと体が一体化してパワーが生まれるのです。

## （追記５６）２０１９年全豪オープン大坂なおみvsスピトリナを見て

準々決勝で大坂なおみがスピトリナにストレート勝ちした。これまでの３戦は苦戦していたが、４回戦では圧勝でした。これまでの３戦は変則な癖のある相手ばかりで対応するのに時間がかかっていた。しかしその苦戦は無駄ではなかった。1試合ごとに相手の長所に対応する能力を身に付け、着実に進化していました。

スピトリナは正確なショットが武器のオーソドックスなプレイヤーですが、もはや進化した大坂なおみの敵ではありませんでした。正確さに対して強打が炸裂しました。

さて、硬式テニス新打法の視点で見てみましょう。新打法では両足をネットに平行にして打つことを基本にしています。背骨を中心にして円運動を行い、両足と同じ線上で打つ打法はリーチが伸び、強打になります。片足を1歩前にすると簡単に従来打法に変わります。逆に言えば、従来打法と新打法には1歩の差があるのです。大坂なおみはスピトリナより1歩前でポジショニングしていました。そして両足をネットに平行に構えて、両足の線上で打つことが多かったのです。正に新打法で論じている打ち方そのものです。

このポジショニングからくる威圧はスピトリナにプレッシャーを与え続けました。同じストロークなら、打ち合うだけで差が出ます。しかし、反面エンドラインをオーバーするリスクがあります。本試合で一番驚かされた事は、スピードを殺さず距離をコントロールする技術でした。短い軌跡のドライブショットの進化です。第2戦では謝淑薇の短いショットを強打してことごとくコートオーバーした経験から、その対応力を身に付けていました。まだミスショットは残っているものの、この能力を完成させたら実力はナンバー1となるでしょう。

## （追記57）2019年全豪オープン大坂なおみvsクビトバを見て

大坂なおみさん、優勝おめでとう。実力No.1に上り詰めた結果の優勝だったと思います。特に目を引いたのは先日述べた、強いストロークの完成です。強さを変えずに距離を自由に操る技術の完成です。コーチが素晴らしいことは言うまでもありません。

しかし敢えて硬式テニス新打法の視点で論じます。

「新打法」のストロークは基本ストレートです。先ずボールを打つポイントを決めてから瞬間的にテイクバックをして、その撥ね返りを利用して瞬間的にポイントに戻すのです。ボールより先にポイントにラケットを入れ、動作を止めるのです。そのことによって身体とラケットが一塊になって惰力でボールに襲いかかるのです。円運動が直線運動に変わり、正確に打方向を捉えます。

テイクバックの端はネット上10センチとポイントとを結んだ線上です。長打の場合はストレートです。ドライブをかけたいときは手首を下げるだけです。同じスイングラインです。当たる直前に手首を戻しますが、その時下げたラケットヘッドもポイントに戻るのです。これが強さを変えずに距離を変える「新打法」です。

## （追記59）「硬式テニス新打法」へのコメントに接して

次のようなコメントを頂きました。ありがとうございました。

「硬式テニス新打法」を購入しました。まだ全部読んでいませんが、「力学」を専門とする立場からの中間報告（？）です。視点・発想・テーマは、大変面白く、分析も興味深く拝読しました。ただし、「力学」を専門とする立場からは、まず、〝「実技の前に」の「衝撃」「反作用」の部分〟に誤解があるようです。

時間があるときに、改めてコメントさせていただきたいと思いますが、重要なポイントの一つは、ラケットハンドルの把持条件です。手で持ったラケットにボールを衝突させても腕は壊れませんが、ハンドルを万力で固定してボールを衝突させるとラケットは折れてしまいます！　バットやラケットはうまくできていて、ボールを発射してラケット面の衝突位置に衝突させると、「打撃の中心」(衝撃力がゼロ、感じない)は「手の握りの位置」の近くにあって、ラケットはその打撃の中心周りに回転します！　したがって、この場合は、握りの位置の速度はゼロで、動きません！　グリップを強く握ってもヒヨコをつかむようにやさしく握ってもボールの跳ね返り速度は、実験でもコンピュータ・シミュレーションでもほとんど違いがありません。

ゆっくり読ませていただいてからまた、コメントさせていただけたらと思います。

私は力学には接した事がないので検証して頂ければ助かります。上記に対して少し説明させて下さい。新打法ではボールに当てる直前にグリップを強く握り占めると書いています。それは打力を上げるためではありません。回転運動を止めるためです。手首だけではありません。身体全体の運動を止めるのです。そうすると身体全体が塊になって惰力運動に切り替わります。貨物列車の機関車に急ブレーキをかけると、後ろに引っ張られていた車両が瞬間的に隙間を詰めて、一体となった惰力で機関車を押します。この状態でボールを打つのです。

ラケット工学の話ではありませんが、手首中心の円運動をすると、手首の1点に反作用0の所があります。しかしテニスは主に肩中心の円運動と複合的に使います。肩にも反作用0の所があります。仮に手首の円運動を0とすると肩の0点までエネルギーが吸収されるまでに肘が存在するのです。上記の実験で例えればラケットとマネキンの腕を固定しておいて、肩の部分を万力で固定させてボールをラケットに衝突させれば肘の部分が折れることになるでしょう。

## （追記60）パラメトリック加速の用語に接して

物理的な事は不勉強なので自信ありませんが、渦巻き理論と理解しました。径を小さくしていけば回転速度が上がる事ですね。フィギュアスケートのスピンで腕を外に出してスピンしておいて、腕をしまえばスピン速度が上がる技術ですね。

新打法では背骨中心（従来打法では肩中心）の大きな円運動をしておいて、インパクトの直前に手首中心の円運動を加えるのも、パラメトリック加速の応用と理解しました。

その上で次の文章に説明を加えたいと思います。

「グリップを強く握りしめる」には違和感があります。

金槌で釘を打つ時に似ていますが、腕の動きとラケットの動きには位相のズレがあります。グリップは強く握らないで、グラグラしない程度にして、スナップを利かせて叩くと、ラケットヘッドの速度が加速して強打できます。極端に言うと、腕の動きと先端の動きは逆の動きに近くなります。

「グリップを強く握りしめる」にスピードを上げる意図はありません。「グリップを強く握りしめる」だけで、グリップと身体全体を一瞬固体化する事ができるのです。パラメトリック加速をしておいて、最後の仕上げにラケットの重みに体重を加える作業をするのです。身体を止めても、それまでに加速されたエネルギーは急には止まりません。固体化された状態で惰力となって進みます。この惰力は止めた時の径に直角の直進力に変化しています。ハンマー投げの鉄球のように円運動から外れます。

又、この惰力は手首を支点とするテコの原理によりラケットヘッドでは増幅されています。しかし私はスピードよりエネルギーに関心があります。私には計算式など想像もできません。おそらく直前でスピードが落ちていくことと重量を乗せたことによるエネルギーアップの関数があるのでしょう。もっとも計算されても理解は出来ません。しかし返球のスピード、重みは実体験で分かります。

## （追記61）打つ前に止める

従来打法を簡単に説明すると、90度のテイクバックと90度のフォロースルーの真ん中でボールを打つのです。いくら改良が加えられても、ボールを打つポイントは通過点なのです。フォロースルーという概念が残る限り、打法に進化はありません。

〈硬式テニス新打法〉では、いかに短い時間で、いかに長い距離をスイングして、いかに重量を増やして、衝撃力を上げるかを説いています。

鬼が持つような金棒を振り回せば、重量は不足ないですが、速く振ることは出来ません。新打法では軽いラケットを速く振り回し、ボールに当たる寸前にラケットと身体をブロンズ像にすり替える事を提唱しています。それが振るのを止め、身体を硬直させる動作なのです。それがグリップの握りを締める動作なのです。

手首だけの動作のように思えますが、身体全体と連動している為、身体全体が硬直するのです。この行為は早すぎてもダメ、もちろんボールに当たった後ではダメなのです。

## （追記62）カーラ・ブラックの壁打ちボレーを見て

カーラ・ブラックは壁に向かってボレーの練習をしています。2メートル弱の距離と思われます。フォアとバックハンドを交互にピストン連打をするのです。すべて反動で得た強打になっています。ストロークとボレーの中間のような強打を延々と続けています。

以下そのポイントを述べたいと思います。

1．エネルギーの源泉は円運動である。全く力は入れていないように見えるが強打になっている。

2．「新打法」のストロークは従来打法のストローク＋ボレーの事です。「新打法」ではボレーとストロークの垣根はありません。テイクバック距離の大小の違いだけです。

3．両足はネットと平行に構えます。足は身体を移動させる為だけに使い、スイングには組み込みません。

4.「新打法」では先ず、ショットポイントを決めてから瞬時にテイクバックをして、その反動を利用してスイングします。
5.「新打法」の極意はボールを打つ前に止めることにあります。ラケットの角度を合わせて一瞬握りを締め、身体を固体化させます。ラケットと身体を一体化させることによって衝撃力を上げます。
6.身体の動きを止めても円運動で作ったエネルギーは惰力として残ります。このエネルギーの特徴は身体とラケットの重量×加速度になっています。
7.ハンマー投げで見るように、この惰力は円運動から離れ直進します。円運動のままであれば、打方向が変化し続けます。惰力で打てばラケットの角度は固定されます。
8.惰力で打てば、当たった時の衝撃は身体には全く返りません。ハンマー投げの鉄球がボールをたたくようなものです。
9.フォアハンドもバックハンドも殆ど違いがありません。当然両手バックハンドの必要はありません。

さて、カーラ・ブラックのボレーに戻りましょう。スイングが速すぎて打つ前に止めているとは見えません。それでも私には一瞬止めているとしか思えません。そうでないとこの強打と正確さは生まれないと思います。

## （追記63）フェデラーのパラメトリック加速

フェデラーのフォアハンド・ストロークの写真分析を見て、パラメトリック加速の概念がよく分かりました。コマ送り写真では手首以外の部位によるスイングがもうこれ以上無理、と思う程の終盤で手首中心のスイングをしています。力学的には……を要約しますと、スイング回転の旋回半径が変化して短くなり、ヘッド速度が最大になるパラメトリック加速が行われている……でした。

私は壁打ちをしながら検証しました。しかしプロの水準ではありませんが、今まで距離の調節のために普通にしていました。パラメトリック加速と言う理論を意識していなかっただけです。確かにスピードは出ます。しかし強打をする為の目標になってはいけないと思います。あくまでも1パターンです。客観的にはボールラインに近づいている。ボールを身体の前方で捉えている。この状態が存在する時だけなのです。つまり野球で例えるとインコースのボールをホームランにするテクニックなのです。

「硬式テニス新打法」の理論ではボールを前で捉えている分、加速距離が延びているので、パラメトリック加速以外の要素でもインパクトが大きくなっていると考えられます。「新打法」ではインパクトを上げる要素はいかに大きく、速くテイクバックをするか、その反動を利用するかにあります。又身体的には、全ての筋肉を後ろに捻じり、そして捻じり返すのです。ボールの当たる瞬間には原因はありません。なぜなら当たる前に止めているからです。あるとすればラケットの性能だけです。ドライブもスライスも当たるまでに仕込んでおくのです。当たる前に止める事によってラケットと身体が一体となってインパクトは上がります。

## （追記65）従来打法の限界

従来打法はボールラインに平行に構えて打ちます。最近パラメトリック加速について学びました。身体を45度回したところで打つ打法です。又、最近映像で見ますが、あらかじめ45度傾けたポジションで45度後ろに捻じり、ボールラインに平行にする改良フォームです。しかし従来打法から抜け出ていません。どちらもテイクバックとフォロースルーの通過点でボールを捉えるというものです。
ここでは肉体的な追究をしてみます。一般的に、腰、肩、腕、手首などを捻じる行為は、回転軸を覆う2つの筋肉で行われます。一方を伸ばし、他方を縮めることによって捻じれるのです。この内伸ばす行為はエネルギーにはなりません。縮む行為がエネルギーになります。伸ばす行為は回転軸を保つ為です。捻じり戻す行為は伸びている筋肉を縮め、縮んでいる筋肉を伸ばすことになります。捻じる行為を1とすると、捻じり戻す行為はその2倍と考えられます。筋肉の運動量がそのままスイングスピードに反映されるのかは分かりませんが、経験上倍のインパクトが得られます。

45度中間ステップの改良フォームはどうでしょうか?　一見、捻じり戻す力を利用しているように見えます。しかし従来打法の考え方が改善されていません。テイクバックとフォロースルーの中間点でボールを捉えようとしています。捻じり戻しは2倍のスピードが出ます。しかし通過した後は1倍に戻るのです。この為、保護機能が働いて、最初から1倍速で通してしまいます。つまり2倍速の機能があるにもかかわらず、それを使わないのです。

## （追記66）新打法と加速論

新打法では、戻りのエネルギーのみでスイングします。
次に、ベースラインに平行に構え、腰45度、肩45度、手首75度、握り15度で後方に捻じり、そして捻じり戻しますが、この動作は順番にするのではありません。全て同時にするのです。日本舞踊の扇のように一瞬で開き、一瞬で閉じます。同様に一瞬でテイクバックをして一瞬で閉じるようにショットポイントに合わせるのです。内訳的には肩45度に一番時間がかかります。したがって肩45度の時間内に全てを収めるのです。慣れてくれれば手首75度は速いので、始まりを遅らせても終わりを合わせることが出来ます。およそ従来打法のテイクバックは肩90度なので、半分の時間で振ることが出来ます。

まだあります。その間に加速距離は2倍になっています。従来打法はテイクバック90度+フォロースルー90度ですが、新打法はテイクバック180度なのです。フォロースルーはありません。

最後の仕上げです。新打法ではショットポイントを決めてから、瞬間的にテイクバックをしますが、その時の撥ね返りのエネルギーを利用します。つまり、水泳のターンでプールサイドを蹴りますが、それと似た要領で加速するのです。

以上で、2倍速の2倍速の2倍速＋アルファーです。パラメトリック加速とか、足の踏ん張り論などが不必要であることがお分かりでしょう。新打法では、むしろ速すぎるスピードをいかにコントロールするか、じゃじゃ馬をいかに乗りこなすかが次のテーマになります。カエルが獲物を捕獲するためにジャンプをした後は、いかに獲物を捕獲するか、いかに怪我をしないように着地するかに専念します。

## （追記67）新打法への切り替え

有り余るスイングスピードを手にして、次に何をなすべきか？

従来打法では、ボールを打つ瞬間に最大に力を加えるべきと思われていました。それを根本的に洗い直しましょう。

先ず、打つ瞬間に腰を回すのを止めましょう。打つ瞬間に力を加えようとする行為がことごとく、スイートスポットを外す原因になっているのです。ボールから目を離し、方向を狂わせる原因にもなっています。足を踏ん張る行為も不必要です。

新打法では、打つ瞬間は全ての動作は停止しており、目はボールとラケットを見つめています。ラケットの方位と、上下の面の向きだけを注視しているのです。有り余るスイングスピードが惰力となって、ボールを弾き飛ばします。身体をインパクトの直前で急停止させることによって、ラケットと身体が一瞬固体となって、重量を上げてボールにぶつかるのです。惰力で打っているので、どんなにインパクトが強くても身体には返ってきません。

次に、力の配分を逆にします。従来打法では、だんだん力を入れて最後に最大の力を加えるように教えていると思います。新打法では初めに最大の力を加え、抜いた力で加速を続け、最後にボールに当たる前に止めるのです。こうすることによってコントロールの精度を上げるのです。尚、新打法は手首中心の円運動は独立しています。全体を調整したうえで振り始めるのですが、手首のみ再度微調整をしながら円運動を行ないます。方位や上下方向は止める時に再再度微調整が出来ます。

## （追記69）待ち受けポーズに思う

待ち受けポーズは、多くの人がラケットを後方で立てています。以前ａｕのコマーシャルで松岡修造さんもそのポーズから始まっていました。そのコマーシャルは〝速い〟を強調する目的でした。効果音が打球の速さを演出しています。

しかし、私はそのコマーシャルを見て速さを想像する事が出来ません。お姫様が「料理をするので袖を持ってたもれ」と言っているように、格好はいいのですがその仕上がりが危ういのです。

テニスに戻せば、「私の打球は速くないのでご安心を」と合図を送っているように見えるのです。

新打法では捻じり戻しのエネルギーを使います。計測した訳ではありませんが2倍速になっていると思います。このポーズは2倍速は使いませんと合図しているポーズなのです。

捻じる行為は腰、肩と手首になりますが、ここでは腰を取り上げます。腰を左右どちらかに捻じります。それを捻じり戻してみましょう。捻じる時の倍の速さになっていると思います。それでは捻じっておいて90度戻してみましょう。速くならない事が確認できるでしょう。捻じり戻しの効力は元の位置に戻すまでなのです。しかも「どんなに速く戻しても元の位置までだから安心して良いよ」と筋肉に言い聞かせて意識的にしないと2倍速は出来ないのです。フォロースルーは2倍速を打ち消す行為なのです。

捻じり戻しの力を使う為には、あらかじめショットポイントを判断して、その後瞬時にテイクバックをしてその反動を利用して打つのが良いのです。そしてスイングの速さはテイクバックの速さと大きさにも比例します。

## （追記70）ボールのヒットポイント図を見て

この図を見ると、ヘビートップスピンドライブからヘビーバックスピンスライスまで全て、ストレートのボールを打つ時と同じヒットポイントになっています。この図を見るまでは、やや上をとかやや下を狙うイメージがあったのですが、皆同じだったのですね。

ところで新打法では手首中心の円運動は他の部位の円運動とは独立しています。直前に別途瞬間的にスイングするのですが、この時ラケットのヘッドを下げて、又は上げておいて、ボールに当たる直前に元に戻してスイング全体を止めるのです。そして惰力で打つとトップスピンドライブやバックスピンスライスになります。フォロースルーはありません。手首はストレートと同じスイングラインなのでスピードは落ちません。惰力に切り替わっているので、手首や肘などに一切の反作用がありません。ヘビーの時は少し傾けますがナダルがするような大きな動作ではありません。

## （追記71）硬式テニス新打法と腕の捻じりについて

フラットのスイングより、捻じりを入れた方がインパクトが増します。しかし、もっとインパクトを上げるには捻じり戻しの力を利用する事です。捻じる為には回転軸（骨）を取り巻いている2方の筋肉の一方を収縮させ、他方を伸ばします。捻じり戻すには伸びている筋肉を収縮させるのです。この為より大きなエネルギーになるのです。このパワーは筋肉が戻るまで使えます。捻じったゴムの力で飛ぶ模型飛行機と同じです。引き続き捻じる時には使えないだけでなく、初めから捻じり戻しのパワーは出ないのです。捻じり戻しパワーは元の位置に戻った状態できちんと止める事が必要です。

この事を良く理解した上で、手首の返しと腕の捻じりを同時に使えば強力なパワーが得られます。上手く使えば、空気抵抗を少なくするという2次的なメリットも得ることが出来ます。サーブやストロークのスイングの時、腕を捻じり手首を反らせば、フレームだけが空気抵抗を受ける状態になり、新打法ではボールに当たる直前に捻じり戻して止めるのです。惰力は捻じり戻しのエネルギーを引き継ぎます。

## (追記74) 速いスイング

今朝、いつものように壁打ちをした。隣はいつもの人ではなかった。ボールが破れたので、その事を話題にして話をしました。

「私はボールに当たる前に止めているのです」

「全く止まっていませんよ」

実は最近いつも隣でご一緒になる人も似たことを言いました。その人には毎日少しずつ〈新打法〉の事を伝えていました。私がガンガンと打っているので、ある程度は耳を貸してくれます。

「見ていても、止まっているように見えないし、どこが違っているのか分からない」

2人に同じことを言われるとそうなのでしょう。しかし私は10日以内にボールを1個潰します。強打していることに間違いありません。スイングスピードは何倍も速いと思っています。ボールに当たる前に止めても惰力が残り、従来打法のフォロースルーと同じに見えてしまうのでしょう。しかし、もしも止めていなかったら、1振りで腕を壊してしまうでしょう。

さて、角度を変えて話を進めましょう。隠れた言葉があります。

1つは「スピードよりコントロールだよ。そのスピードがコートで通用するかな」又は「必要かな」です。そしてもう1つは「身体を痛めたら何にもならん」又は「健康の為にやっているのだから、そんなにシャカリキにならなくても……」です。
私は今、スピードを出すことに興味を持っています。ボールに当たる前に止めれば、身体にダメージが全く無い事が分かったので、スイングをどこまで速く出来るかに関心を持っています。そして他人がフォロースルーに見えたとしても、本人は止めたと同時に次の動作に入っています。又、止める時にボールがラケットのスイートスポットに当たる瞬間を見つめ、角度を合わせているのです。ボールに回転を与える方法も別途追求しています。心配はご無用と思います。

私は〈新打法〉で速くスイングをする方法を論じていますが、従来打法では不必要なものだったのです。従来打法では、身体で押しながらスイングをして、当たる瞬間に捻じりを入れて、押す力を最大にしてインパクトするという理論があるからです。途中のスイングが速くなり過ぎると、押せなくなるという理論が潜んでいるからなのです。梅沢富美男が「主役のする仕事を脇役が取ってはならない」と言っているようなものです。

これには主に3つの問題があります。

1つはインパクト時に最大の〈押し〉を入れる為に、手首、腕、肩、腰等の捻じりを入れます。一番微妙な精度を要求されるタイミングでそれをするのです。ポイントを外したり、目を反らしたりする要因になるのです。そして、反作用が真面に返ってくるので身体にダメージがあります。

次に、この場合のエネルギーは半分近く、無駄なフォロースルーに使われるのです。ボールに当たった後は何の役にも立ちません。

最後に、途中のスイングを速くする方法はいくらでもあるのに、理論上不必要として捨てられてしまうのです。上司の理解が得られないと部下の知恵が抹殺されるようなものです。

## （追記75）トッププロから学ぶ

〈新打法〉のポイントの1つはフォームを持たない事です。正面を向き、身体の真横からボールを捉えるのです。足はスイングから切り離し、身体を支える為、移動する為、次の行動の準備をする為に専念します。

おそらく、この打ち方をしたのはヴィーナス・ウィリアムスが最初であり、長い間1人だけだったと思います。最初、私は変な打ち方だなと思った記憶があります。しかし、〈新打法〉の研究を始めると、その打ち方が最も合理的であるという結論になりました。

当時、ヴィーナス・ウィリアムス自身が時々使うだけでしたが、現在ではケルバーの武器になっています。そしてケルバーに負けた大坂なおみが時々使うようになっています。

〈新打法〉のポイントの2つ目はボールに当たる前に動作を止めるというものです。この打法も既にプロの世界にあるのではないかと思われます。私のように只のテニス愛好家がボールに当たる前に止めても、傍目からはフォロースルーをしているように見えると言われたのです。プロはもっとスイングが速いはずです。それでも大きなフォロースルーにはなっていません。私はボールに当てる前に止めているのではないかと思います。

サーブでも、ストロークでも、スピードが売りのプレイヤーの模範プレイを見て下さい。そして〈当てる前に止めている〉と思いながら見るのです。そして止めるはずの場所で握りを締めるのです。握りを締めるだけで身体全体の筋肉が締まるのです。

## （追記76）従来打法の呼称について

従来打法という呼称についてですが、現在、プロやコーチの間で進化を続けているものを指していません。パワーテニス時代に入ってプロはそれぞれ試行錯誤を繰り返し、それぞれのノウハウを身に付けています。このパワーテニス時代以前を指しています。その当時はプロの世界でも殆ど同じようなフォームでした。

近年テニス界は日進月歩で進化しています。たとえば昨年、時の人になった大坂なおみはわずか1年の間に打法までも変わっています。

〈硬式テニス新打法〉は1つの理論であり、その理論が現場のプレイで役に立つかは一人一人が判断して下さい。1つでも納得できるものが有れば、その部分を身に付けて下さい。本にも書いていますが、特定のフォームを持っているものではありません。〈硬式テニス新打法〉は主に、インパクトを強くする、反応時間を短縮する、身体のダメージを防ぐ、省エネをする等の目的を持った理論書です。

## （追記78）従来打法の想い出

私には特別の思い出が蘇ります。私は壁打ちをしていて、肘を痛めた時のことです。おそらく格好良いフォームでガンガン打っていました。しかし、前日雨が降り、周りには水溜まりがありました。そして私は濡れたボールでガンガン打っていました。当然、ボールは重く弾みません。その分いつもより力を入れていたのでした。翌日、肘痛で打てなくなりました。ボールに当たると同時に肘に激痛が走ったのです。私はその日に新打法を開眼したのです。激痛が嘘のように打てるようになったのです。

それまで、私は壁打ちをした後、帰宅すると同時に書道をするのを日課としていました。筆を持つと手がブルブル震えていました。私は〈鉄は熱いうちに打て〉ということわざを思い出しながら、筆を動かしました。それは中学生の頃を思い出させました。私は手塚治虫先生の〈漫画の描き方〉を読み、漫画家を夢見ていました。

本の中で〈バスに乗り乗客をデッサンしよう〉と書いてあったのです。バスはアトランダムに大きく揺れます。揺れていない瞬間を計り、その間に鉛筆を動かすのです。私はデッサンがどんどん上達しました。テニスした後の手の震えがそれに似ていて、書も上達すると思えたのでした。

ところが、新打法にしてから手は震えなくなりました。もう5～6年になりますが、当時の打ち方も忘れてしまいました。

## （追記79） 肘痛にサヨナラ

テニス愛好家で肘痛になった人が多い。なぜ肘痛になるのでしょうか？　その理由を考えてみましょう。

肘痛の原因は肘そのものにあります。手首と肩は前後左右に動きますが、その間にある肘は、機能が似ているにもかかわらず上下にしか動きません。その事を忘れて、同じように動かそうと、又は、動くものと勘違いする事に原因があります。

次に多いのが、ラリーの相手を間違えることです。スキーの場合は自分の技術に合ったて斜面を選びます。技術が伴わないのに急斜面を選ぶと怪我の原因になります。

テニスでも、自分の能力に合った球速の相手とラリーをしなくてはなりません。とはいえ試合となると、いきなり強打を打つ相手と戦うこともあります。肘痛は強打を打つ時よりも、強打されたボールを打つ時に起きます。

それでは強打者同士はなぜ肘痛にならないのでしょうか？ 答えは肘を使っていないからです。腰と肩と手首の回転で打ちますが、手首の回転を別途、最後にします。手首は腕の先端にあり、一番小さな円運動をします。なので回転速度が速いのです。その分遅らせて振り始めてもボールを打つ時に間に合うのです。反作用が最後の円運動をした手首に集中して返る為、肘には返らないのです。又、この振り方をしないと強打にはなりません。

肘痛になる人は、肩、手首を均等に動かす、又は1本の棒のように動かすからです。お互い緩いボールの為偶々肘痛にまで至っていないだけです。強打に遭遇していたら、そして真面にこの打ち方で応対したら肘痛になるに違いありません。

しかし、上級者でもなります。より強打をする相手に強打で返そうとすると打ち負けて肘痛になる場合があります。その原因は従来打法そのものにあります。従来打法はボールに当たる時に最大の力を加えるからです。この打法の中に原因が潜んでいるのです。この打法は進化を続けながらも、基本は60年以上変わっていません。私はパワーテニス時代に入り、この基本を変える新打法を提唱しています。

## （追記80）新打法におけるショットのバリエーション

〈硬式テニス新打法〉はボールを打つ前にスイングを止めて惰力で打つと提唱しています。殆どの人が、それで強打を打てるのかと疑問を持ちます。実際にやってみると強打が打てるようになります。そして次の疑問になります。ドライブやスライスはどうするのかです。答えは簡単です。

バリエーションを付ける為には、縦回転であれ横回転であれ、全てボールに回転を与える事で付くのです。ボールに回転を与える方法は2つしかありません。1つはボールを擦る方法です。もう1つはラケットの面を回転させて、その回転をボールに移すのです。

川副嘉彦氏の実験によればボールがガットに触れ、離れるまでの所要時間は3／1

CCC秒との事です。人間の力でこの間に何かをすることは不可能です。全てそれまでに行った結果が現れるのです。新打法では2つの方法をやり終えて、惰力に任せます。

惰力は3／100秒働けば十分です。フォロースルーは全く意味がありません。従来打法ではこの3／1000秒の間にもっとスピードを上げようと言っているようなものです。言葉は勇ましいですが不可能です。しかし、その勇ましさの結果、途中のスピードを上げることに関心がなくなるのです。回転を与える事もこれと同じです。

擦るとはラケットを斜めに振って、摩擦力でボールをひっかけてボールに回転を与えるものです。上下に打方向が変わるのでラケットの面の方向も調節が必要です。又、身体を傾ければ、上下の変化が左右の変化にもなります。

練習風景で、常に斜めに振ってドライブをかけるのを基本形としている人をよく見かけます。これは間違いです。この習慣を持つと次の上達がありません。基本形はストレートです。もしも習慣付けるなら、腕を捻じって捻じり戻すラケットの回転です。どちらもボールの威力を落としません。

斜めに振るスイングは必然的にボールの威力を殺します。それは摩擦によるロスだけではありません。スイング距離が間延びするからです。自動車学校で追い越し車線に入る時は十分に加速しなさいと習うでしょう。同じスピードで車線変更をすると後続車に追い付かれ事故になってしまいます。後続車よりスピードを上げないと、斜め方向は距離が伸びているのです。

この問題を解決するのは手首のスイングです。手首は先端にあり、小さな円運動を起こします。必要なのは瞬間的な速さです。円運動は小さい径ほど回転が速く出来ます。しかし速くするには加速距離も必要です。正解は手首の円運動を大きくする、でした。ドライブは下から上へ、スライスは上から下へです。この行為を肩と腰のストレートスイングに合流させるのです。そしてボールを打つ前に終了すれば、後は惰力が進行方向のストレートと上下の斜め方向の擦り行為を勝手にブレンドしてくれるのです。

## （追記82） 従来打法と新打法の違い

十連休の最後の日に私はいつものように硬式テニスの壁打ちをしました。20歳前後の青年がラケットの沢山入る本格的なバッグを持って隣に来ました。本格的にテニスをやっているらしい。少し観察をしてみました。ネットの上50センチ位を普通に連打していました。私は彼より3メートル位前でネットの下10センチ下を狙ってショートバウンドでガンガン打ちました。

青年は明らかに私を意識してスピードを上げようとしました。しかしどれほど必死にやってもスピードは上がりません。偶に速いボールを打てると今度はその跳ね返ってきたボールに対応できないのです。又、ややスピードを上げて同じ50センチ上に当てれば大きなバウンドになりますが、ショートバウンドが打てないばかりか、下がって打っても大きく打ち上げてしまいます。バックハンドはもう振ることも出来ません。折角の休日に気の毒だったが、おそらく傷心して帰ったであろう。でも見本が焼き付いたら成長するかも知れない。おそらく彼の眼には私が50歳位に見えたでしょう。まさか73歳とは思わないでしょうね。

偶に青年と隣り合わせになるのですが、いつも同じ状態になります。青年は上級者でなかったというよりは、従来打法そのものに欠陥があると思います。

従来打法は先ず、横に構え、それからテイクバックのポーズをします。この打法をする限り、テイクバックを速くすることは出来ないし、スイングスピードも上げられません。その結果スピードボールを打つ事も出来ません。動作が緩慢なので対応する事も出来ないのです。

次に、フォームを固定する為、高さの変化に対応できません。しかも、決まったように、斜め上に振り上げるのです。安定した綺麗なフォームというより悪しき癖としか言いようがありません。

テニスの指導書は、私は殆ど読みませんが、相変わらずフォロースルーの形を論じています。テニスでも、ゴルフでも、野球でも、大事な事は全てインパクト前にあります。インパクト後は全く関係ありません。インパクトそのものにはスイートスポットを外さない事以外には何もありません。この事を素直に理解した人は進歩があります。間違ったまま幾ら練習しても上達しません。

それでは新打法はどこが違うのか？　新打法の基本は前を向いて打ちます。そして筋肉は先ず捻じっておいて捻じり戻しのエネルギーだけで打ちます。そもそもスイングの初めは後ろに勢いよくテイクバックする事から始まります。インパクトのポイントを判断して、ネットの10センチ上を結んだ場所に速く、大きくスイングしてその反動を利用してスイングするのです。スイングは2段打ちです、手首中心の円運動は独立させます。そしてボールに当てる直前に角度を調節して止めて、惰力進行に変えるのです。

この惰力の性質は、エネルギーを円運動から直進運動に変えます。ラケットと身体全体の重量を合わせた重量の惰力に変わっています。重心を中心にした円運動に変化しています。瞬間的に止めて、それを解除した時にそれまでの運動を残りのエネルギーで再開しますが、それはボールを打った後の残り香であり、意味はありません。

## （追記84）上に跳ね上げる

スイングを速める1つの要素は手首中心の円運動を独立させ、直前に素早くするのです。手首中心の円運動は半径が小さいので回転速度が速いのです。従来打法では、速く出来るのに他の円運動と調和させる為に速くしないのです。

今日はこれに手首を跳ね上げる動作を加えました。スイングバックの撥ね返った直後に、ラケットヘッドを軽く下に落とします。たばこの灰を落とすようにすると、ラケットヘッド自らの重みで沈んで行く感じです。そしておもむろに浮き上がる所を手首で一気に跳ね上げて、インパクト前でストレートスイングに合流して止めるのです。これは常日頃ストレートを打つ時に手首中心の円運動を遅らせて始め、インパクト直前で合流して止める習慣を持っているから出来るのです。

従来打法に比べ、はるかにスイングが速いので、惰力進行に切り替えてもインパクト後に惰力が残ります。直進力は向かってくるボールのエネルギーで相殺されるのに比べ、上方に跳ね上げたエネルギーは相殺されるのが少ないので、惰力が長く残ります。結果は似ていますが打法は全く違います。言い換えればアプローチは違いますが、新打法とフェデラーの打法は多くの部分で似ているのではないでしょうか。

おそらく共通の一番大事な要素は、手首中心の円運動を独立させることです。この手首中心の円運動がその他の円運動と別行動をするのは難しいと思われるでしょう。実は簡単なのです。ところが初心者から初級に向かう時に、徹底して手首、肩、腰、他の調和した円運動を身に付けるよう教えられるのです。元々は別行動だったのです。

## （追記85）新打法はフォームを持たない

〈新打法〉は概念や特徴で体系付けられた打法なのです。主な概念は次の様なものです。

(一) フォームを持たないというより持ってはいけないのです。殆どの先輩や専門書がフォームを固定しろと教えています。フォームを固定するなと教えるより、固定しろと教える方が簡単だからです。しかし、その事により蟻地獄に陥ります。練習をすればするほど、穴から出られなくなってしまうのです。

(二) 全てのエネルギーの源泉は円運動にあると考えます。コントロールの為にはラケットを直進させなさいと言われたら、教え全体を疑ってみる必要があります。運動の法則を無視した暴論だからです。小さな事のようですが、氷山の一角のように水面下に自然の法則を無視する考え方が潜んでいると思います。大きな円周の一片を見ると直線に見える場合がありますが、科学の目で見れば直線ではないのです。

㈢　すべての結果には原因があります。強いインパクトには加速距離が必要です。ラケットヘッドの加速距離を延ばすには大きな円運動が必要です。加速距離はただの距離ではありません、速度を上げ続ける距離です。新打法ではテイクバックも加速距離に含めます。テイクバックを緩慢にするのでなくて、強く速くして、その反動を活かしてスイングします。つまり反動を円運動の変形した部分と捉えるのです。

㈣　十分に速度を上げておいて、インパクトが近づくと円運動の径を小さくすればパラメトリック加速が得られます。加速距離を増やす方法から回転速度を上げる方法に切り替えるのです。

㈤　インパクト直前には身体を固めて止めます。そしてそれまでラケットだけの動きでしたが、ラケット＋身体の重量の惰力に切り替えてボールをインパクトするのです。

具体的な特徴は次のようなものです。

1、前にスイングする前に後ろにスイングします。

2、テイクバックの反動もエネルギーにする。

3、ストロークはストローク＋ボレーの事です。

4、ボレーはストローク＋ボレーのスイングを短くしたものです。
5、スマッシュやサーブもストローク＋ボレーの変形です。
6、離れたボールは横になってT字スピンの態勢でスマッシュをします。
7、インパクト直前で身体の動きを止めます。
8、インパクトの高さや位置にこだわらない。
9、手首中心の円運動は肩や腰の円運動から切り離す。
10、筋肉は捻じるのではなく、捻じっておいて捻じり戻すのです。
11、フォロースルーは存在しない。惰力の残りがあるだけです。

その他にもありますが、これだけ特徴があればフォームがなくても新打法と分かるでしょう。これに先輩たちの技術や、新しい理論などを取り入れて進化していけば良いのです。

## （追記86）サーブの練習

〈硬式テニス新打法〉では、ストロークとサーブに大差はありません。

それではサーブを意識してストロークの練習をしてみましょう。ストロークに腕の捻じりを加えます。テイクバックして反動時に腕を捻じってラケットの面を上に向けておくのです。するとエッジが風を切ってスイングするようになります。そしてインパクトの直前に捻じりを戻して止めるのです。惰力は捻じりにも働き、ラケットを捻じり続けようとします。この惰力を逃がすのが肘の役割です。肘を大きく曲げるので、傍目にはスイングに肘を使っているように見えますが、インパクトには一切関係していません。従来打法ではフォロースルーもインパクトに関係すると思われているので、間違って肘の曲げをインパクトに入れてしまうと肘を痛めてしまいます。

さて、ここまで理解できたらいよいよサーブに取りかかりましょう。同じ動作をインパクトのポイントを真上にして行います。上体を少しだけ背後に傾けると腰の45度の捻じりも使えます。不足分は肘を曲げることによって補いましょう。ストロークで上に向けたラケットの面は、サーブでは真横を向いています。インパクト直前で腕の捻じりを戻せば、面は正面を向きます。サーブの練習とストロークの練習は同じです。後はトスの練習だけで良いのです。

尚、上体を後ろに反らせたままクォーターハンド風にドライブやスライスをかけれに効果は上下に変化します。

## （追記87）従来打法のフォアハンド

トッププロのフォアハンドをランクと運動能力を捨象して見ると、共通するのは次のようです。従来打法の最先端だと思います。

足元は45度に構える。45度腰を捻じって胸を90度横に向ける。腕は肩より高く上げラケットを立ててタイミングを計る。ラケットを後ろに倒すことにより初速を付け、ソフトボールの投球のような上から下への円運動をします。同時に腰の捻じりを戻すことによる水平の円運動を加えて45度傾いた円運動にします。そしてスイングが下限から上方に向かうと同時に、それまで捻じったままの手首と腕の捻じりを一気に戻し、身体よりやや前方でボールをインパクトして、肘の曲げと足元を前方に向けるフォロースルーをするのです。

注目すべきは野球の大谷翔平のように腕を高く構えることとです。そしてラケットを後ろに倒すことです。加速距離を延ばすことと落下エネルギーを最大に得ることを目的にしています。そして円運動は上下と水平の円運動の合成であることとです。そして手首の円運動の始まりとインパクトの位置です。どれも理に適っています。

それでは〈新打法〉は世界の最先端に太刀打ち出来ないのでしょうか？

新打法では先ずインパクトのポイントを判断してから、ネットの10センチ上（又は選んだ高さ）とインパクトの位置を結んだ直線上を後方に速くスイングして、反動を利用して、前に直線でスイングします。新打法はインパクトの強さは後方へのスイングスピードと距離に正比例すると説いています。

新打法では、後方にスイングするスピードも、上下のスイングラインも管理しています。しかも折り返すポイントの距離も管理しています。インパクトのタイミングを合わせる要素は、①後方に振り始める時、②そのスピード、③折り返すポイントの距離、④手首を振り始める時、⑤インパクト直前で動作を止める、……の5回あります。従来打法では②③⑤がありません。新打法の方がインパクトの強さにおいても、正確さにおいても、タイミングの調整においても優れています。

それでは従来打法は何を求めているのでしょうか？

従来打法はドライブ回転を重視しているからです。この為に初速から水平の円運動を始めるまでの間を落下の自然エネルギーに任せ、スイングラインを45度傾いた円運動してインパクトする直前まで上下方向の管理を放棄するのです。そして全ての宿題を手首の円運動に委ねるのです。勿論、円運動はどの角度であっても見る場所を変えれば直線です。しかし、ドライブ回転の為には直線であってはならないのです。その為インパクト時に高度な技術が要求されるのです。

確かに新打法はストレートに向いています。それでは新打法はドライブやスライスは出来ないのでしょうか？　大丈夫です。出来るのです。後方で反動を得た後、ラケットヘッドだけ上げて、又は下げておくのです。そして手首の円運動を止める時に合わせて元に戻すのです。手首を含めストレートと同じ動作です。ラケットヘッドだけが上に跳ね上がり、又は下がり、ドライブやスライスを実現するのです。

尚、インパクトの直前で動作を止めて惰力で打ちます。これはインパクトを強める為であり、反作用で身体を痛めない為です。新打法ではインパクトが強すぎるので絶対に必要です。手を抜いてはいけません。

## （追記89）新打法は反動を利用する

〈硬式テニス新打法〉は反動を利用します。新打法では、ネット側に向いたスタンス、つまり足はネットに平行に広げて立ちます。そして腰45度、肩45度、手首75度、握り

15度後方に捻じるのですが、捻じった状態で静止するのではありません。インパクトの位置を決めてから、強く速く後方にスイングして、その反動の力をプラスしてAのフルスイングをします。

この時の反動の力とは何でしょうか？　後方に強くスイングする事により、後方への惰力が発生します。身体は動きを止めても惰力は引き続き捻じろうとします。雑巾をもう一度捻じるようなものです。模型飛行機のゴムをもう一度捻じり足すようなものです。こうして捻じり戻しのエネルギーを極限まで強めるのです。

次に初速の考察です。綱引きをしていて、ほぼ互角で引っ張り合っていても、どちらかが負けを意識した時、ドッと相手方に引っ張られます。綱は静止しているように見えても大勢の力で引っ張り合っているのです。エネルギーの拮抗があるのです。同様にラケットヘッドも後方で静止している時に拮抗がなくてはなりません。前に行くエネルギーと後ろに行くエネルギーです。そして後ろに行くエネルギーが負けた時、ドッと瞬発力が生まれるのです。

フルスイングをAとしましたがAそのものも進化しています。しかし、大きな打法の違いはA以外にあります。その違いの原因は足元にあります。新打法は正面を向く、従来打法は45度傾ける、そして旧打法は90度横を向く、のです。

## （追記90）全仏オープンテニス3回戦を見て

大坂なおみが3回戦で敗退した。シニアコバは良く走りました。これが勝因でした。では、大坂なおみの動きが悪かったのが敗因かというとそうではありません。動く必要がなかったのです。シニアコバを一方的に走らせていたのです。大坂なおみの敗因はボール1個分のコントロールの乱れです。大坂なおみ自身は「疲れもあったし頭痛もあった。身体が上手く言う事を聞いてくれなかった」と明かしています。

それでは〈硬式テニス新打法〉の見方で解説します。

確かに大坂なおみは疲れていました。しかし、それは相手も同じなので、言い訳にはならないし、大坂なおみ自身も第1ゲームでは問題にしていなかったのです。余裕さえ見せていたのでした。ところが意に反してボールが微妙に外れるのです。原因は筋肉疲労にあります。身体全体の疲労もありますが、特に手首と腕周りの筋肉の疲労です。2回戦の対アザレンカ戦の強烈なストロークの応酬で筋肉が微妙に破壊されているのです。1日休んだ位では修復されないのです。本人が疲れとも痛みとも感じていないので〈体が上手く言う事を聞いてくれなかった〉の言葉になったのです。

私はプロでもなく、経験もしていないので推測ですが、アザレンカのあれだけの強打を強打で返す時のインパクトは、しびれを感じさせる位の反作用があると思うのです。そのラリーを延々と続けたのでした。ボクシングのような衝撃があると思います。

〈硬式テニス新打法〉はインパクトの直前に動作を止め、惰力でインパクトする事を提唱しています。大坂なおみの強打を落とすことなく、手にも腕にも全く衝撃を感じさせない打法です。おそらく大坂なおみはこの打法にしていないと思います。勝因にはならずとも敗因を1つ減らせると思います。

## 〈追記91〉腰を捻じるについて

〈硬式テニス新打法〉では、握り、手首、腕、肩、腰を後方に捻じり、捻じり返してボールの直前で止め、惰力でインパクトすると説いています。要は、エネルギーの源泉は捻じりにあると言いたいのです。それも単に捻じるのではなく、捻じり返すことにより倍のパワーが出るということを伝えたいのです。握りは少し概念から外れるかもしれませんが、人差し指、中指、薬指、そして小指に向かって少しずつ大きく握りを緩めるのです。そしてそれを強く握り返すのです。敢えて捻じり行為に加えています。腕の捻じりは空手やボクシングの捻じりと一緒です。捻じるとパワーが出ます。なぜなら筋肉の動く量が増えるからです。

胸の延長線上に腕を伸ばした形を終着とする腕を後方に回すことを指して、肩を捻じると表現しています。そして最後に、胸を後方に回すことを指して腰を捻じると表現しています。捻じるという行為は全て2つの筋肉の動きで行われます。一方の筋肉を縮め、他方の筋肉を伸ばすのです。この筋肉の動きを沢山した方が大きなパワーを生みます。1つ1つは小さくても、同時にすれば大きくなるのです。

さて、このうち、腰を捻じるについて先日、川副嘉彦氏から異見がありました。1つ目は、腰を捻じると腰を痛めやすいので捻じるべきではない。2つ目は、骨盤を回すことによって、もっと安全に素早く身体を回すことが出来るというアドバイスでした。

早速、壁打ちで検証しました。〈新打法〉では後方に捻じっておいて、捻じり返すだけです。腰に負担があるように思えません。それでは捻じっているつもりが川副氏の言うように、実際には骨盤を回しているのではないかという疑問です。改めて動きを観察すると、踵付近や膝付近を捻じって骨盤を回すような行為も含まれています。スキーの大回転のような腰から下を傾けるような行為もあります。しかし、それとは別に腰を捻じっている感覚があるのです。

それで次の結論を導き出しました。

腰を捻じるというのは腰から上を捻じることであり、背骨の一番下を捻じることではない。骨のつなぎ目を少しずつずらすことにより、腰から上方に向かって捻じれが大きくなる現象なのだということです。そして、肩から腕、腕から手首、そしてラケットヘッドに捻じりが伝わっていくのです。適度な速さとパワーが手首に伝わり、最後に手首がパワーとコントロールを加えるのです。

2つ目の骨盤を回転させる方法について検証しました。

簡単に出来る事、パワーもあり、速やかに出来る事も確認しました。

骨盤と胸を固定させれば、そして腕も手首も固定させればすごいパワーでボールを打つ事が出来ると思います。しかしこの方法にはしなりが全くありません。まるで潮干狩りを楽しむ集団にショベルカーが参加するような違和感があります。丸太を振り回してテニスボールを打つような感覚です。おそらく正確な同心円運動にはなっていないと思います。つまり微妙なコントロールを要求される場所では不向きなのです。大きく方角の変更を要求される場合などに使われるテクニックと位置づけしました。異見歓迎です。

## 〈追記92〉サーブに思う

硬式テニスの壁打ち仲間が延々とサーブの練習をしました。私は「スピードもコントロールも絶好調ですね」と言うと、「いくら練習してもトスが安定しない」と言うのです。私は「安定させる必要はないと思います。今のままで十分ですよ」と答えました。少し〈硬式テニス新打法〉の立場で話を続けます。

サーブは誰でも手首と肩でコントロールをすると思います。足や腰は常に同じ動きをします。トスが乱れた時は殆どの人が肩で調節をすると思います。その場合コントロールの役目とトスの乱れへの対応とが重複してしまい、コントロールがおろそかになってしまいます。それを解決するには骨盤を傾ける方法で調節するのです。少し大げさな説明ですが、要は腰から上の傾きで調節するのです。骨盤辺りから傾けるとほんのわずかな傾きでも振り上げたラケットヘッドは簡単にボール1~2個分移動するのです。他人が見ると傾けた事すら分かりません。つまり1~2個分トスが乱れた位では肩のコントロール機能を妨げないのです。しかも不思議なもので、トスは乱れても構わないと思うと逆にトスは乱れないのです。

## (追記96)ウィンブルドン2019クビトバvsムラデノビッチを見て

7月5日深夜、錦織選手の活躍を見た後、寝るのを我慢して女子シングルスを見た。ムラデノビッチのコーチがサーシャ・バインと紹介されたからだ。大坂なおみを№1にしたコーチだったので、興味を持ったのです。7対5でクビトバが第1セットを逆転で取った時、クビトバの勝利を確信して寝ることにしました。半分寝ながらの観戦でしたが少し気になった事を書いてみました。

両選手とも大変背が高い。男子の試合を見た後でそう感じたのです。初めの内、クピトバが波に乗れずにいましたが、だんだんと調子を上げ、ボールが低い弾道で走るようになりました。するとムラデノビッチが長い足をたたむようにして腰を落としスイングするようになりました。そしてコンパクトなスイングをするので、ボールの威力に明らかな差が出るようになったのです。腰を落とすのに時間を取られ、大きなテイクバックが出来ないように見えました。

〈硬式テニス新打法〉の立場で解説すると、低いボールを打つ時、腰を落としてはいけません。特に背の高い選手がこうすると、屈むのに時間がかかり、又、打ち終わった後、伸び上がるのに時間を取られるからです。錦織選手のエアーケイと同じ原理です。上に飛び上がるのと、下に屈むの違いだけです。エアーケイはラリーの止めに使うのでカッコ良いのですが、もしもラリーの合間に使うのであれば、カッコ良いものではなくなります。着地する時間が余分にかかるからです。これを解決するにはスイングを水平にするのではなく、上下に斜めのスイングをする必要があります。ドライブやスライスをかける為にはラケットヘッドだけを上下にすると上手くいきます。おそらくバインコーチは次戦までに、ここを修正してくれるのではないかと思います。

## （追記97）ウィンブルドン2019フェデラーVS錦織圭を見て

試合前のインタビューで「フェデラーに勝てると思う」と力強く答えていました。錦織圭の自信には訳がありました。過去最高の技術と調子、怪我がなく体調が良い事、最短時間で勝ち上がり体力を温存している事、37歳のフェデラーに比べ29歳の錦織圭は若い等です。結果は、第1セットは取ったものの第2、3、4セットは良いところ無く敗退に終わりました。フェデラーは世代交代を全く感じさせませんでした。

フェデラーの最大の武器は、リストコントロールです。フェデラーは手首中心の円運動を独立させています。だからコントロールに専念できるのです。少々無理な体勢でスイングしてもリストコントロールで調整できるのです。世界のトップ選手なので運動神経が優れているのは勿論ですが、瞬時に打てる〈新打法〉であり、インパクト前に次の行動に移せば俊敏性は要らないのです。打法の中に速く反応できる要素が存在しているのです。まだまだ世代交代は必要ないでしょう。

## （追記98）ウィンブルドン2019フェデラーvsナダルを見て

ネット配信によると〈フェデラーは第1セットを接戦の末に先取したが、第2セットは第3ゲームから5ゲームを連取されて、セットカウント1－1に追いつかれる。その後、第3セットを取ると徐々に主導権を握り、息を吹き返した〉となっています。そして試合後の会見では「作戦を貫くようにした」と語ったとのことです。

フェデラーは〈新打法〉の最先端を追求しています。〈新打法〉の時間短縮の要素は前進守備を可能にします。前進位置は移動距離を減らします。省エネ打法の上、省エネプレイが可能になるのです。「作戦を貫くようにした」の中身はこの〈新打法〉による前進守備なのです。そしてこれは年齢差対策でもあったのです。37歳のフェデラーが最も行動力のある33歳のナダルに勝利する謎を解く鍵なのです。

さて、試合は7－6、1－6、6－3、6－4でフェデラーの勝利になりましたが、第2セットの1－6が異常なカウントに思えるでしょう。ナダルの強烈スピンや、ロングショット作戦の逆襲に遭い劣勢になりました。フェデラーは体力温存の為、このセットを早く負けて終わらせる作戦に出たのです。同時に第3セットの前進守備作戦の研究に取りかかったのです。それまでより1～2歩前に出たりして、前進守備の限界や最適な位置の確認作業をしたのでした。ネット報道の〈息を吹き返した〉のではなく、第2セットの研究の当然の結果だったのです。

## （追記99）ウィンブルドン2019フェデラーVSジョコビッチを見て

ウィンブルドン男子シングルス決勝は激闘の末フェデラーが敗れた。6－7、6－1、6－7、6－4、12－13のスコアが語るように、どちらが勝ってもおかしくはなかった。見ていた人達は僅か1ポイントの差で勝敗が決まったと思うのではないでしょうか。

試合後のインタビューでフェデラーは「37歳でもまだ終わっていない、ということを他の人々に信じるチャンスを与えられたと信じているよ」と言いました。4時間57分の死闘を終えた直後の会見でした。フェデラーはこの日37歳と340日でしたが、全く疲労を感じさせていませんでした。「まだやれます」という意味でなく「まだまだ強くなれるよ」と言ったのだと私は思います。

私は我流で〈硬式テニス新打法〉を書きましたが、フェデラーのプレイを見て非常に似ていると思いました。私は世界は既に〈新打法〉になっていると思いました。ところがそうではありませんでした。ジョコビッチは全く〈新打法〉ではありません。決勝戦はまるで〈従来打法〉vs〈新打法〉の様相を呈していました。


ジョコビッチはフォームに忠実に、オーソドックスに正確に打ちます。その為ポジショニングにこだわります。ポイントに向かって全速力で近づきます。

これに対して、フェデラーはフォームにこだわらず、ボールに届きさえすれば良いという打ち方で、全速力で走ってはいませんでした。そして移動距離も必要最小限に抑えています。

残念ながら、ジョコビッチが全速力で走ってもぎ取った1ポイントで勝利してしまった為、〈新打法〉時代の到来と言い切れません。しかしジョコビッチはよく滑っていました。離れたボールをオーソドックスフォームで打とうとすると、急発進と急停止が必要になります。怪我や疲労に結びつきます。

対照的にフェデラーは、ぎりぎり間に合ったという感じで打っていました。〈新打法〉理論に接していない人にとっては不思議に思えるのではないでしょうか。

私自身は〈新打法〉を書いた後も理論を進化させています。フェデラー選手には最先端プレイヤーとして進化を続け、38歳で№1になって、世界に疑問の余地のない現実の〈新打法〉時代を築いてほしいと思います。

## 〈追記100〉新打法とレシーブの1考察

ここでは球速が速いサーバーに対して前位置を取る場合の話をします。動体視力、運動神経、俊敏性がある事を前提としています。

〈硬式テニス新打法〉は両足をネットに平行に構えてスイングします。但し、足元にはこだわりません。瞬時にスイングバックして、その反動を利用してフルスイングします。ラケットの面を合わせてインパクト直前で止めます。ネットに直角に構える従来打法に比べ、半分の時間でスイングします。その分前進守備が可能になるのです。

ライシング直後を打てば、守備範囲が少なくてすみます。そしてスイング距離を調節する事によってさらに時間短縮をすることも出来ます。この場合エネルギー量が足りず、打ち負けてしまいます。この場合はスライスを使います。

目的はサーバーがフルスイングで打ってきたボールのエネルギーを、受け流すことにあります。前進守備なのでサーバーが打ち返した次のボールが攻撃のチャンスなのです。反動を利用する〈新打法〉を身に付けているから出来る行為の1つです。

## （追記101）新打法とサーブの1考察

テニス愛好家で、ストロークのスピードは出ないのにサーブのスピードは出るというプレイヤーは少なくない。ストロークのスピードが出ない理由は、ラケットの長さと腕の長さを足した半径の円運動をしているからです。スピードを出す為には手首を動かしたラケットだけの円運動と、肩を動かした腕だけの円運動を重ねるのです。両者は似てはいますがそれぞれの長さをひとまとめにして1つの円運動にする前者は、それぞれの円運動が持つ潜在能力を、遠慮しあう事によって最小化しているのです。

それでもサーブの時はスピードが出るというプレイヤーがいます。サーブの場合、身体のしくみ上ひとまとめの円運動が出来ない為、意識せずにそれぞれの円運動を合成しているのです。従来打法では多かれ少なかれ、このラケットと腕を足した長さの円運動をしています。上級者になるほど、この部分が少なくなっていますが、フォロースルーが必要、つまりインパクトは当てて押すと考えている限り、この部分が無くなりません。

〈新打法〉は指15度、手首75度、肩45度、腰45度それぞれ回転させます。正確には後ろ向きに回転させて、反動を利用して、インパクトのポイントに戻すのです。尚、指というのは握りの緩みと締め付けで15度振ることです。又、腰というのは腰回りの筋肉を動かして肩を背骨中心に45度回転する事です。腰の高さの1点を45度動かす事ではありません。それぞれの円運動は順番にするのではありません。一番時間のかかる肩45度の間に全て収めるのです。〈従来打法〉は肩90度回転するので半分の時間でスイングする事ができるのです。しかも慣れてくると、手首75度はもっと短時間に収まるのでより直前に振り始めれば良いのです。おそらくそんなことをしたら打方向は定まらないと思われるでしょう。心配いりません。インパクトのより直前で打方向を定めて全ての動作を止めるのです。そして惰力でインパクトします。この惰力の特徴は円運動から直進に変わります。止めたラケットの面の方向に忠実です。エネルギーが円運動の先端部に集まります。ラケットと身体の重量が一体になっています。反作用が身体に返りません。

さて、夢のようなスピードを手に入れると、そのままサーブに移ります。〈新打法〉ではストローク、ボレー、スマッシュ、サーブに差異は殆どありません。元々、離れたボールは身体を横に倒してスマッシュをするくらいですから。インパクトの位置やそれぞれの円運動の量が違うだけです。インパクト直前で止めるのも同じです。

それではもう少しサーブに注目しましょう。トスをします。高い打点のストロークをする感じでテイクバックをして、それから手首の位置を首の横に持ってきます。その為には肘は最大に曲げられています。ラケットヘッドは自然に腰の後ろ位に来ます。この状態ではテイクバックの反動は得られません。そこで背骨を後ろに反らし反動を付けます。そして反動を利用して、肩の円運動をして、肘を伸ばして、手首の回転をします。肘以外はストロークと同じ要領です。肘を屈伸させるのは位置決めと、加速距離を延ばす為にあるのであってパワーを付加する為ではありません。ラケットヘッドが真上又は少し前方で止めます。後は惰力がボールをインパクトします。インパクト直前で止めると同時にレシーブの準備にかかれば良いのです。

## （追記102）フェデラーのスローモーション映像に接して

先日、フェデラーのスローモーション映像を見ました。流れるようなスムーズな動きに感動しました。しかし〈硬式テニス新打法〉を書いた立場から次の事に注目したいと思います。

それは足の動きです。スローモーション映像であるにもかかわらず、足元は全く静止する瞬間がないのです。

フェデラーの動きを見ると、足元は全くスイングに組み込まれていないように思います。身体を支える為と次の動きを準備しています。スイングしているその瞬間にも足は次の動きに向かって動いているように思います。フェデラーには急発進、急停止はありません。その代わり、スイングしながら次の動きに移り、近づきながらスイングします。全て流れるように動いているのです。この動きは俊敏性で補うことは出来ません。

例えばコーナーのボールを打って全速力でセンター方向に戻るケースを考えましょ

う戻り切っていない時に逆を突かれると、ギブアップしかありません。しかしゆっくり走って同じ場所にいたら、簡単に対処できるのです。つまり大切な事は俊足ではありません。早く動き始めることなのです。そして急停止して打つのではなく、スイングしながら近づきインパクトに間に合えば良いのです。又、コーナーには行き切らずにボールと離れて打つことです。理論上の〈硬式テニス新打法〉とフェデラーの動きは非常に似ていると思うのです。

## （追記１０３）スイングと力の配分

「スイングする時いつ力を入れるのですか？」の質問に「インパクトの時、最大になるようにします」が答えであったことを紹介しました。その時〈硬式テニス新打法〉では「初めに力を入れ、やや抜いた力で加速して、インパクト前に狙いを定めて止める」と答えていました。その後発展させてもっと大胆な答えにしたいと思います。

　全て最初に力を入れます。柳にぶら下がる昆虫を狙って跳びつくカエルのように最初に全て出し切ります。その後餌に狙いを定めるだけです。つまり答えは「初めに力を入れるだけ」です。

もう少しミクロの観察をします。肩は腕と手先とラケットの重量を振り回します。手首はラケットだけの重量を振り回します。径の大きさや部位の機能上の違いもあって肩45度より手首75度の方が速いのです。なので手首75度の振り始めはインパクトに合わせて再度微調整します。つまり、インパクトの位置を定めてからテイクバックをして、手首だけは残しておいて、再度微調整をしてから振ります。そしてインパクト直前に面の角度を合わせて止めるので、タイミングは3度調整できるのです。

この方法に慣れてくると、微調整は手首に任せて、肩や、腰は最初に力を入れた後は次の行動に移れば良いのです。少し遅れて手首も面を合わせて止めた後はインパクト前に次の行動に移れば良いのです。もっともその行動に外見上の変化が現れるまでにインパクトは終わっています。それは100分の1秒単位の話です。

## （追記107）錦織圭の肘手術に思う

野球界の大谷翔平に続き、テニス界の錦織圭が手術をした。世界で活躍する選手がそのトップレベルのプレイをする為に手術をしています。背景には医療技術の進歩がありますが、怪我を回避する予防理論の遅れがあると思います。

野球界では160km／時の投球、テニス界では200km／時のサーブが普通の時代になっています。その他のスポーツでも目まぐるしく進化を続けています。誰もが技術の進化を競っています。しかし、身体の故障を回避する理論や技術は進化していません。沢山の故障者が出るまで問題にされません。

ナブラチロワが初めて国際試合で使用した大ラケ〈大きなフレームのラケット〉で、輝かしい戦績を上げた為、一挙に大ラケ時代に突入しました。その後、ラケットに合わせて、フォームの改造が進み、テニス界はパワーテニス時代になっています。しかし、故障回避理論に進歩がありません。テニスの故障は、主に肘の衝撃破損、胸や腰の捻じり過ぎ、足の捻挫等です。これらは〈新打法〉を身に付けることで回避できます。

テニスエルボーの言葉がある位、テニスと肘の故障は付き物のように思われています。錦織圭の手術も肘です。しかし、〈新打法〉を身に付けると、最も故障しにくい部位が肘になります。〈新打法〉では肘は遠近や角度の調節に使うだけで、一切インパクトには参加しません。従来打法では、ボールは当てて押すという理論がある為、肘も自動的に押す行為の中に組み込まれてしまいます。その為、衝撃を緩和する機能がない肘が犠牲になるのです。

## （追記111）硬式テニス新打法のドライブとスライス

硬式テニス新打法はストレートを基本とします。従来打法も当然同じだと思うのですが、そうではないように思います。テニススクールを見学した訳ではないので、私の主観ですが、従来打法は〈基本がドライブ〉になっているように思います。ドライブをかけるとネットは越え易く、コートは越え難くなります。ストレートはロングのクロスにしか使わないのでドライブ重視は理に適っています。しかし、この事がテニスの上達を阻害していると思うのです。

〈基本がドライブ〉の難点はおよそ次の通りです。

、ストレートで打った場合の球速が分からない。

2、正確にインパクトが出来ているか分かりにくい。
3、ドライブ回転で落ちているのか、インパクトが弱いから落ちているのか区別がつかない。
4、ストレートの基本のスイングが分からない。
5、フォームを固定してしまう。

新打法は従来打法の数倍の球速と解説してきましたが、それはお互いストレートの場合です。ドライブの場合はその差がもっと大きくなります。従来打法では腕をやや上向きに振ります。そしてやや下を向けた面で擦るようにしてインパクトします。しかしこの打ち方が当然ではないのです。新打法のドライブのかけ方を語る前に、再度ストレートの打ち方を整理します。

新打法では先ず、インパクトの位置を決めます。一気にテイクバックして、その反動を使ってインパクトします。テイクバックの端はネット上10センチ上とインパクトの位置の延長線上です。握り15度、手首75度、肩45度、腰45度を後方に捻じり、捻じり返すのです。全ての部位の捻じりを同時にするのですが、慣れてくると手首75度は少し遅らせ直前で瞬時に捻じり返してインパクトに合わせることが出来ます。全ての部位の捻じりをインパクト直前に面の角度を合わせて止めるのです。止める意識をして振るのですから狂うことはありません。

新打法のドライブはこのストレートを打つ同じフォームで手首だけを下に向けます。手首の力を抜くとラケットの重みでラケットヘッドは自然に下がります。それ以外は全て同じスイングです。ボールの位置が変わるのでスイングは毎回変わりますが、ストレートと同じスイングです。ラケットヘッドは下から上に跳ね上げる軌跡を描きます。球速は変わらずドライブ回転は得られます。手首を下げるところで逆に上げればスライスになります。回転はかかっているのにスピードが落ちない、全く異次元のドライブとスライスになります。緩いボールが打ちたい時は従来打法にするのもいいでしょう。

## （追記１１２）硬式テニスとインパクト

私の理解する従来打法では、肩の付け根を中心にした円運動で腕を振っておいて、インパクトの直前に腰を回して胸の回転を加えます。しかし、この方法はインパクト時のバランスを取るのが難しく、コントロールも取りにくく、何よりもポイントが定めにくいのです。直前で回転軸が変わるので距離が変わるのです。そして円運動なので少しの時間の差が角度の変化になるのです。つまり、打方向が変わるのです。高度な技術と膨大な修練が要求されるのです。

打方向のズレを避ける為にインパクト時を直進にする人があります。これは円運動を平行運動に切り換える行為なのでしてはいけません。スピードは円運動から生まれます。仮に手首だけを見てみましょう。回転軸から10センチ離れた部分を10センチ動かすと、仮にラケットヘッドが1メートル先だとすれば10倍の1メートル動くのです。これを平行運動で手元を10センチ動かすと、ラケットヘッドは円運動の10分の1の10センチしか動きません。つまり自覚なくブレーキをかけながらインパクトしているのです。惰力が働いているのでその事が分かりにくいだけです。つまり、この従来打法プレイヤーは、インパクトまでに十分スピードを上げない上に、ブレーキをかけながら打っているのです。

新打法では全てのエネルギーをインパクト前に使い果たします。そしてインパクト直前に動作を止めますが、全ての筋肉に止めるという指令を送るまでは、全力で動けと指令を送るのです。円運動を直前で止めると惰力が直進のエネルギーに変わりインパクトします。先ほどの従来打法の惰力と2つの点で大きな違いがあります。従来打法では意識せずにブレーキが働いて結果的に惰力が働いているのですが、ラケットの重みだけの惰力です。元々スピードを出していないので惰力にスピードもありません。新打法では一瞬身体を固体化するので、ラケットの重量に身体の重量を加えたエネルギーの惰力になるのです。インパクトは強いのに身体には一切反作用はありません。ガツンと異次元のインパクトになっていますが、エルボーダメージ等無縁なのです。そして止めた直後に次の動作に入ります。どんなに速く動作をしてもインパクトを追い越すことはありません。

## （追記114）硬式テニス新打法は省エネ

テニスの壁打ちで青年と相席になりました。青年はしきりに素振りをするようになりました。どうしたらガンガン打てるのか、素振りをして検討しているようでした。

スイングを見ていると、素振りの出発点からインパクトの位置を1とすると、インパクトからフォロースルーのエンドまで2の円運動になっています。フォームに違和感はない。つまり、通常見る素振りの光景と変わらない。

しかし、私には不思議な光景に見えるのです。なぜならインパクトまでのスイングが全てであって、インパクト後のスイングは不要であることが分かっているからです。実際に、1対1を2対0の配分にするだけで、省エネになり、倍のスピードボールが打てるのです。この無駄な動作をすることにより、次の待ち受けポーズに戻る為に、又、無駄な動作をしなくてはならないのです。

無駄な動作はステップにもあります。一旦、足をネットに垂直に構え、ネット側に踏み込み、スイングしたと同時に、残った足を踏み込んだ足の横に並ばせ、一旦ネットに平行になります。ネット側に1歩近づいているので、社交ダンスのボックスを踏んでいるように、1歩ずつ後ろに戻します。このステップが全く無駄な動きなのです。

新打法では正面を向いた状態でインパクトをします。インパクトした状態が次の待ち受けポーズになっているのです。今まで新打法ではインパクトの前に次の動作に移ると言ってきましたが、次の動作とは待ち受けポーズに戻る事ではありません。次の返球を予測して動くことです。

## （追記118）2020年全豪オープン1回戦、大坂なおみvsボスコバを見て

1月20日にテレビで表題の試合を見ました。先ずは地上波で見られることに感謝です。試合は6－2、6－4で大坂なおみの圧勝でした。しかし楽勝した訳ではありません。大坂なおみはコントロールに苦しんでいました。

〈硬式テニス新打法〉の立場で解説したいと思います。注目するのは大坂なおみの強打です。180センチの長身が根底にあるのは言うまでもありません。しかしボスコバも同等の身長です。違いはスイング距離にあります。〈新打法〉ではインパクトの強さはテイクバックの速さと深さに比例し、反動の力の利用に因ると言っています。大坂なおみの打法は〈新打法〉に似ています。素早く、大きくテイクバックをして、反動を利用してスイングしています。スイング距離がボスコバよりはるかに長く、インパクトが強いです。

しかし、球速が速くなればオーバーラインになる確率が増えます。ドライブはかけるのですが、緩い球速の場合に比べ、落ち方は緩慢になります。その為、ネット上5～10センチの通過が必須になります。1回戦ではネットにかかるか、オーバーラインするかのエラーが多かったのは仕方がありません。失敗しても大坂なおみは笑っていました。それは織り込み済みのエラーだったからでした。相手に差し込まれてミスをしたのではないからです。勿論エラーは減らさないと上位には行けません。これは対戦を重ねる事で精度は上がっていくと思います。敵は自分自身なのですから、相手がより強打者に変わっても確率が下がるものではありません。アクシデントがない限り、今年も上位が狙えるでしょう。

## (追記121) プロ野球自主トレの解説

1月26日のサンデーモーニングでプロ野球の変わった自主トレ風景を見ました。

室伏広治による特別レッスンでした。重いハンマーで杭打ちをするのです。大きく振りかざすのですが、そこには杭はありません。自力でハンマーを宙に止めるのです。剣道の構えの辺りで止めるのですが、竹刀なら容易ですがハンマーは重いので、止めるには大変な力が要ります。

〈硬式テニス新打法〉の立場で解説します。室伏広治は筋肉を付けさせるためにこのメニューを取り入れているのではありません。第一自主トレで筋肉が付くこともないです。室伏が教えたいことは〈重量物を振り回すには体幹が大切である〉です。そして〈重量物の移動に合わせて体幹をどう調節すればよいか〉です。振りかざしたハンマーを何かに当てて止めるのでなく、宙に浮かせて止める練習こそ〈硬式テニス新打法〉に通じるものなのです。

〈新打法〉ではボールに当てる前に止めると説いています。室伏広治はプロ野球のボールも当てる前にバットを止めた方がインパクトは強くなると教えているのです。バットを止めるためには身体全体を止めないといけません。又、体幹がしっかりしていないとふらつかずに止めることは出来ません。止めることを意識した方がスイングは速くなり、又、エネルギーがバット先端に移り、インパクトが強くなるのです。

室伏がハンマー投げで試行錯誤と理論の研究を繰り返して得た結論です。単に振り回転しているだけではハンマー（鉄球）は遠くに飛ばないのです。いかにして体の回転エネルギーを鉄球に移動させるかが課題なのです。室伏は野球選手にその事を体得させるためにハンマー打ちと宙止めをさせたのです。

## （追記122）全豪オープン準決勝ジョコビッチvsフェデラーを見て

大坂なおみ、クビトバ、フェデラーが敗退して、私の全豪オープンが終わりました。3人は〈硬式テニス新打法〉と似ているところがあって注目していました。大坂なおみとクビトバはネットに平行に構えて、大きくテイクバックして反動を利用して強打を放つところが似ています。しかし今大会では、やや変化球派に敗れました。〈新打法〉はフォームを持たないと説いています。この部分はフェデラーに通じます。又、手首中心のテイクバックを大きく取り、反動を利用する部分が似ています。今大会では正統派のジョコビッチに敗れました。6－7、4－6、3－6で大敗したような数字ですが、内容は善戦でした。

少しフェデラーを弁護します。ジョコビッチが33歳に対してフェデラーは38歳です。

勝ち上がるまでの試合総時間が多く、疲労していたこと、そして何より直前の準準決勝での激闘で股関節を痛めていたことです。それにもかかわらず善戦できたのはフェデラーの打法に因るものと考えます。以下〈新打法〉の立場で解説します。

〈新打法〉はフォームを持ちません。フェデラーはボールに最短距離で近づき、追い付いた状態に応じてスイングします。特定のフォームにこだわる人はより速く、より近づいてフォームを整えてからスイングします。フェデラーはその部分を省略します。その分体力の温存が出来るのです。〈新打法〉はテイクバックの反動を利用します。フェデラーの手首中心のテイクバックに注目すると、ラケットが直前に大きく後ろに振られ、反動を利用して強いスイングが生み出されています。

## （追記123）全豪オープン決勝ケニンvsムグルッサを見て

私はケニンもムグルッサも初めて見たと思います。そしてムグルッサを見た時、スペインの画家モジリアニの描いた女性の顔を思い浮かべました。取り敢えずムグルッサを応援しました。世界No.1にもなったムグルッサは癖のない、従来打法の見本のような打法でした。

さて〈新打法〉の立場で解説します。時折ムグルッサはネットに平行に構えてインパクトします。この瞬間は〈新打法〉に似ています。しかし、理論は従来打法です。〈新打法〉は平行に構えた状態でテイクバックします。ムグルッサはテイクバックを終えた状態で平行に構えます。この方法ではテイクバックの反動を利用することもないし、筋肉の捻じり戻しのエネルギーを利用することもありません。〈新打法〉では最大180度振り回した後にインパクトするのに対し、ムグルッサは90度振り回してインパクトして、残りの90度をフォロースルーに当てます。これは従来打法のままです。この部分が勝敗に影響して敗戦になりました。

第3セットの第5ゲームで0－40までケニンを追い詰めていました。しかしケニンは3本のブレークポイントをしのいで流れが変わります。この時全て長い強烈なラリーの後、ケニンがダウンザラインでポイントを取ったのです。一般的に強打を打ち返せばより強打になります。ところがそのなり方に違いがあったのです。ケニンは長いスイングをしてインパクトをしています。ムグルッサはケニンより短く、その分大きくフォロースルーをしています。この違いがラリーを続けた時、球速の違いになったのです。ケニンのこの点は〈新打法〉に似ています。と言うより、両者の打法の違いは世代間の違いのようです。

## （追記125）スイングに於ける力の抜き方

テニスはハードなスポーツです。世界大会での死闘を見ます。どんなに走っても、走らせても、ドロップショットを加えても、基本はパワーショットです。パワーショットがあるからフェイントも活きるのです。それではパワーショットに体力的なパワーが必要でしょうか？　私はスポーツマンの平均的パワーが有れば十分だと考えます。パワーショットは肉体的なパワーとは関係ありません。スイングの結果パワーが生まれるのです。

衝撃力とは重量×加速度です。加速度とは速度×速度です。速度とは単位時間の移動距離です。加速度とは平均速度ではなく最終の瞬間速度です。速度はどんどん加速されて行きます。加速距離が大きいほど加速度は速くなります。経験的にもインパクトが強くなります。相手のスピードボールに打ち負ける時は加速距離が不足しているのです。又経験的に軽いラケットの方がスイングスピードは上がります。

次に重量を上げる方法です。重いラケットと軽いのでは正比例的に影響します。しかし、もしラケットの重量と身体の重量が一体化すれば、ラケットの重さの違いは殆ど影響しません。〈硬式テニス新打法〉ではインパクト直前に一瞬身体を硬直させて動作を止めます。そしてラケットと身体を一体化させた惰力でインパクトをします。理論的には軽いラケットでスピードを増して、軽いラケットと身体の重量を足した重量を掛けた衝撃力の方が大きくなります。

さて、スイングスピードと加速距離を上げる方法です。〈新打法〉ではテイクバックの速さと大きさはスイングパワーに比例すると説いています。インパクトポイントを決めてから一瞬にテイクバックして反動を利用します。この時力を抜くほどテイクバックは速く大きくなります。初動に一気に力を加え、その後力を抜きます。するとラケットヘッドが勝手に手首中心の円運動をして手首75度、握り15度、合計90度のテイクバックを完成します。同時に腰45度、肩45度も捻じり終わっています。この時力が入っておれば、瞬時にできないだけでなく、合計180度の回転も出来ません。意識して身体の部位を動かすことには限界があります。惰力や遠心力等の法則に委ねるのです。

スイングも同じ要領でします。力を抜いておれば指先にラケットの撥ね返りが伝わります。意識した撥ね返りではないが、手首75度、握り15度の限界に達して拮抗の結果撥ね返っているのです。そして指先に伝わった撥ね返りを引き継ぐように力を入れます。そしてすぐに力を抜きます。そしてインパクト直前に角度を合わせて動作を止めます。この力を抜くのがスピードに繋がります。この時力が残っていると、スピードは落ちるのです。身体の動きがむしろブレーキになるのです。従来打法では力を入れてボールを押す考えなので、スイングスピードは上がらないし、押すことも出来ないのです。ボールは押す前に跳ね返っているからです。

## （追記127）硬式テニス新打法と惰力

時代劇で籠城する城の門を打ち破るため、大勢の兵士が大丸太を縄で宙吊りにして門に突進します。門の直前で兵士は止まりますが大丸太はそのまま突進を続け、門を打ち破ります。これが惰力の威力です。戦国時代に既に武力として使われていました。

大丸太を運んだ兵士に衝撃はありません。〈新打法〉ではインパクトの直前で動作を止め、惰力でインパクトをします。反作用は身体には返りません。

硬式テニスの世界を見ても、惰力でインパクトする打法を見ません。既にプロテニスでは十数年パワーテニスの時代が続き、愛好家レベルでもテニスで肘を痛めるプレイヤーが続出しているにもかかわらずにです。尤も、従来打法であり続けたいと思う事も慣性の法則です。人間の脳の働きも慣性の法則に従っているのです。

さて惰力はテイクバック時も使います。勢いよくテイクバックをして、手首と握りを緩めて止めると、ラケットは惰力でそのままテイクバックを続け、手首と握りの緩みの限界に達して撥ね返ります。その続きに力を入れてスイングするのです。わずかな距離と時間の事だと軽視してはいけません。静止状態から始めるのとは大きな違いが出るのです。静止するものは静止し続ける力が働くのです。動きだしているものに力を加えるのと、静止しているものに力を加えるのとでは雲泥の違いがあるのです。止まっている車を押す時等に知ることです。

次に腰の捻じりについてです。〈新打法〉では腰を後方に捻じり、捻じり返してインパクトします。単に前方に捻じるより倍の力が出ます。捻じる量は状況に応じて変化します。元に戻るよりオーバーしたとしても身体的に問題は起こりません。しかし、従来打法では多少後方から始めたとしても、前方に捻じります。捻じる量は状況によって変化します。しかし身体的な限界まで捻じった場合、意に反して惰力が働きます。惰力は容赦なく限界を超えて腰を痛める事になるのです。この場合、捻じり過ぎたのではなく、慣性の法則を無視した打法にあるのです。具体的にはフォロースルーを重視した打法に問題があるのです。この事は手首の使い方にも言えることです。〈新打法〉では後方に捻じり、捻じり返して元の位置に戻すだけです。前方に捻じる打法は身体的にも良くありません。

## （追記131）新打法とフットワーク

〈硬式テニス新打法〉では足元はスイングと切り離します。従来打法では足元の形を教え込みますが、〈新打法〉では足元の形にこだわりません。スクールでのフットワーク中心の練習を動画で見かけます。国の内外によらず、殆ど同じ練習風景です。

概ね小股で5歩動いてフォアを打ち、急いで元の位置に戻り、次は小股で5歩、逆に動きバックを打ち、急いで元の位置に戻ります。これを素早く繰り返します。勿論これはコートのセンターから両端までの移動の省略形です。しかし、省略した同じ距離を〈新打法〉ですると、先ず半歩近づき、反対側の足を大きく蹴り出し、大股で歩く感じで近づいた足に体重を移動すれば足ります。同じ距離の練習であれば、殆ど移動した事も感じないくらいです。左右に限らず、前後も同じです。どの方向へのアプローチも同じです。軸足がどちらになろうとも関係ないのです。逆に身体に近づくボールを打つ場合は半歩よけて、その足に体重移動するだけで良いのです。足元にこだわる練習をする労力で、足元にこだわらない練習をするのです。

## （追記134）硬式テニス新打法と瞬間移動

空手の突きの腕の動きは瞬間移動しているように見えます。アッという間に突き終わっているように見えます。ＵＦＯは空間を瞬間移動します。どんな物理的な運動なのか興味深いです。しかし、ここで扱う瞬間移動はプロセスを抜く原理です。空手の突きは筋肉の使い方、エネルギーの溜めや反動の利用などに原因があり、激しい修練で会得したものです。しかし、瞬間移動はそれだけでは出来ません。そのプロセスを抜くことによってのみ可能になるのです。

〈硬式テニス新打法〉で説明します。〈新打法〉はインパクトの直前で動きを止め、惰力でインパクトするので反作用は身体に返りません。肘痛の心配をすることはないのです。どんなにスイングを速くしても大丈夫です。しかし、だからと言ってスイングは速くなりません。そこで空手のように瞬間移動をするのです。〈新打法〉はテイクバックから始まります。正確にはインパクトポイントを見極めることから始まります。そしてネットの10センチ上と結んだ線上に瞬時にテイクバックをします。手首75度、握り15度、肩45度、腰45度の合計１８０度捻じります。そして捻じり返し、平常に戻った状態でインパクトします。それを瞬間移動でするのです。ラケットが円運動をしているとか、身体が円運動をしているとか、筋肉の一方が縮み、他方が伸びるなどのプロセスを全て忘れるのです。忘れても実際は円運動などをしています。このプロセスを抜くことにより夢のような速さが実現するのです。空手の突きに見るような瞬間の速さでインパクトができるのです。

従来打法では間違ったプロセスの抜きがあります。振り始めと振り終わりを大切にしてインパクトを抜くのです。インパクトの瞬間を見ていられないのでプロセスとしてインパクトを省略するのです。何がエキスで何がプロセスかを見極めるのが大切です。〈新打法〉ではインパクトの直前で止めます。インパクトそのものは大切な事ではありません。惰力が直進に働いてインパクトする事は自明のことです。プロセスというより余韻は忘れて次の行動に移りましょう。

## （追記136）新打法の素振り

1．先ず、素振りの前にする事があります。左官屋のする壁塗りです。コテでモルタルを塗っていきます。これと同じ動作をラケットに替えてします。高さ3メートル×幅6メートルの壁に塗ります。30センチ浮かせてします。壁が無ければイメージの壁で良いです。ラケットが無ければ掌でしても良いのです。バックハンド側の7時から11時の間は、硬式テニスの方は裏面を使います。ソフトテニスは同じ面を使いますが、両者の間にそれほど大きな違いはありません。このスペースで通常の姿勢ではラケットの面がやや下を向きます。ソフトテニスのボールは柔らかい為、少し上向きに擦り上げれば打てるのですが、硬式ボールは硬いのでラケットの面の角度がそのままボールの打方向になるからです。従来打法では裏面を使うとパワーが出ないので両手打ちをする変形もあります。両手打ちはリーチを小さくします。新打法では初動に力を入れ、インパクト前に止めて惰力で打つので裏面でも力強くインパクトできます。

この壁塗りをした時のラケットの面の全てがボールをインパクトした時の形です。足元も姿勢も自然に動きます。これがインパクトした時のそれぞれのポーズです。

2. 全てのポーズ1つ1つに手首75度、握り15度、肩45度、腰45度の捻じりを振りあてます。それがテイクバックの終わり、スイングの始まりの場所です。ゆっくりで良いです。身体の動きを確認するだけで良いのです。インパクトが高いところがスマッシュです。遠く離れたインパクトは1歩足を大きく寄せ、身体を倒してスマッシュをします。

3. いよいよ素振りを始めます。新打法はテイクバックを重視します。先ず、任意のインパクトポイントを決め、ネット上10センチを結ぶ位置に向かってテイクバックします。後ろ方向へ初動に力を入れ、直後に力を抜きます。惰力でラケットの先端が180度テイクバックします。瞬間的にしないといけません。又瞬間的にしないと180度になりません。この時力を抜いていないと180度は実現しません。先ずはテイクバックだけの素振りです。力は要りません。1振り毎にインパクトポイントを変えます。テイクバック方向もそれに応じて変わります。

4. やっと従来打法に近い素振りの番がやって来ました。前述のテイクバックをすると撥ね返ります。それを利用して初動に力を入れます。直後に力を抜きます。筋肉の捻じり戻しの力を利用して加速します。インパクトポイントを注視して、打方向や面の角度を合わせインパクト直前で止めます。惰力があるので止まりません。ボールを打つ反作用もないので簡単に止まりませんが、フォロースルーではありません。余りスピードを出し過ぎないようにしましょう。真剣にスピードを上げれば居合抜きのようなスピードになってしまいます。力を入れる事より抜く練習をします。テイクバックから始めて、続けて素振りして下さい。

5. 以上がストレートの打ち方です。スライスやドライブをかけたい時は手首から先だけを上げたり下げたりします。それ以外は全く同じです。インパクトの直前の止める時にストレートと同じ手首の状態に戻すのです。スピードを緩めずにスライスやドライブがかかります。勿論スイング全体を使うことも出来ます。上半身を変化させて変化球にする練習も良いですが、フットワークを意識してはいけません。もし意識するのであれば、足元を変化させて上半身がそれにとらわれない練習をするのが良いのです。足元がどんな状態であってもスイングがふらつかないようにするのです。

## （追記138）テニスと怪我の予防について

テニスと言えば、肘痛です。テニスエルボーという単語がある位知れ渡っています。それでは肘痛はなぜ起こるのか、検討してみましょう。肘痛のメカニズムから説明します。先ずラケットでボールを叩きます。ボールは跳ね返り相手プレイヤーがそのボールを叩き返します。この時の作用と反作用の関係が起こります。作用と反作用は対等です。衝撃力は重量×加速度です。加速度とは瞬間速度の事です。ラケットとボールでは重量が違います。ボールが軽い分速度が上がり対等になるのです。摩擦と風の抵抗を0とすると、スピードボールにラケットのスピードを合わせていくと、どんどんボールのスピードが上がっていきます。そしてボールはやがて制御不能のスピードになるのです。これはラケット側から見ていますが、ボール側から見ますと衝撃力は身体に影響します。衝撃はガット、ラケット、握り、手首、肩の順で伝わっていきます。ところが手首と肩の間に肘があります。

丈夫な骨や筋肉ではない繋ぎの部分があります。この肘は上には動きますが後ろには動きません。その為、肘に伝わるまでに吸収できない衝撃力が肘を痛めるのです。肘を痛め易いプレイヤーの特徴は手首と握りの振りを余り使わず、肩の振りに頼るプレイヤーです。つまり肩からラケットヘッドまでを直線のままで振るのです。この振り方ではラケットのスピードは上がりませんので強く打ち返せませんが、相手側がスピードボールを打ってくると肘痛になります。これを避けるには肩に頼った打ち方をやめないといけません。〈硬式テニス新打法〉ではもっと抜本的に解決します。

例えば、首のひねりです。首を右に向けておいて勢いよく正面に向けます。慣性の法則が働いて回り過ぎても問題は起きません。しかし、正面を向いている首を勢いよく左に向けると、慣性の法則が働いて回り過ぎると、首を痛めてしまいます。これは肩や、腰、手首、腕の動きに共通します。〈新打法〉では全ての部位に対し、先に回しておいて戻す時に力を入れます。〈従来打法〉ではフォロースルーに見るように正面（又は通常）の状態から力を入れて回すなどの行為をします。

〈新打法〉ではインパクト前に動きを止めて、次の行動に移ります。インパクトそのものは惰力に任せます。いくら早く動き始めても、身体は安全です。従来打法では、フォロースルーに時間を使い、時間を取り戻す為に速く走り、急に止めると慣性の法則が働き、足首などを痛めるのです。怪我をし易い人は慣性の法則を理解していない場合が多いので、動きを見直しましょう。

## （追記139）うちわの原理

力を入れれば入れる程、スピードは出なくなり、コントロールは乱れ、瞬時の反応が出来なくなるのです。私はこの原因について考えてみました。そして行き着いたのが〈うちわの原理〉です。夏の暑い日、うちわで扇ぎます。この時静かに扇ぐと心地よい風が身体を冷やします。ところががむしゃらに力を入れて扇ぐと涼しくならないばかりか、身体が熱くなってしまいます。この原因は中心円になっていないからです。うちわの手元を固定して円運動をすれば風が起きます。しかし、手元を固定しないで扇げば風にならないのです。テニスでも同じ原理が働きます。〈硬式テニス新打法〉

では握り15度、手首75度、肩45度、腰45度の円運動を合成します。このそれぞれの円運動を正確な中心円にするのです。力を抜いて理想の円運動が出来た時、経験した事の無いスピードボールになるのです。この事はテニスに限らず、全てのスポーツに通じます。

## （追記141）カーラ・ブラックのボレー練習の見方

フォアとバックを交互に打つボレーの、カーラ・ブラックのラケットが止まっていないので、皆さんは彼女がフォロースルーをしていると思われるでしょう。しかしフォロースルーをしていたら絶対に連打は出来ません。似てはいますが、彼女はテイクバックをしているのです。〈新打法〉ではインパクト直前に動作を止め、インパクト前に次の行動に移ります。インパクトそのものは惰力がするのです。この〈新打法〉理論を持っていない人はフォロースルーにしか見えません。

彼女は正確に的を射ています。但し、よく見ると微妙に外れていますが、それを巧みに修正しているのです。その修正するのがテイクバックなのです。彼女はテイクバックの反動を利用してスイングしています。そのテイクバックの端、つまりスイングの始まる位置が既に修正されているのです。低く返ったボールを打つ時を見て下さい。スイングの初めの位置が既に低くなっているのです。フォアとボレーを交互にする事、余りにも速い連打なので分かりにくいかも知れませんが、テイクバックは的とインパクトポイントを結んだ線上に向けます。その上で、インパクト時の面の角度で最終微調整をしているのです。

次に注目すべきことは、力が抜けているという点です。ボレーにしては強打になっているのですが、どこにも力が入っていないのです。どこかに力が入っていると、この連打は出来ません。力を抜いたテイクバックから始まり、反動を利用してスムーズにスイングに移り、力に頼らず加速しています。そして何よりもインパクト時に力を加えていないので、スムーズに次のテイクバックに移っています。およそ従来打法のボレーではインパクト時に力を加え、インパクトの直後に止めると教えていると思うので、ギクシャクした連打になると思います。その前に連打にはならないと思いますが。

ブランコのように自然な流れに従います。でも人間が意識して力を加えないと止まってしまいます。ブランコの場合は浮力と重力の拮抗の後、下がり始めた直後に力を加えます。後は自然の力で動くことの妨げにならないように、身体を柔らかくして合わせる感じです。ブランコでは力を加えていないのに重力が働き自然に加速されます。テニスのスイングでは反動で折り返す時力を加えます。その後、テイクバックの時に筋肉を捻じっているので、捻じりが元に戻る力が働き加速されるのです。

次にインパクトです。従来打法では力を入れるタイミングを計っています。しかし力を入れる時、円運動を加えようとします。折角ポイントを合わせていても、この瞬間ポイントや角度が狂うのです。〈新打法〉では十分な加速距離を取って加速しており、インパクトの直前でポイントと面の角度を微調整しておいて止めるだけなのです。だから瞬間にぶれる事はあり得ないのです。しかし、止めるということは身体を硬直させることです。一瞬ブロンズ像になって惰力でボールを叩くのです。一瞬の事なので見ただけでは分かりません。アニメで一瞬ブロンズ色に変えてくれると分かるのですが、何も無かったように次の返球の動作に変わっています。

さて、彼女は前を向いたまま、フォアとバックを交互に打っています。このまま後ろに下がってストロークをすれば良いのです。テイクバックを大きくするだけで良いのです。但し、足元を平行にする必要はありません。ボールを追いかけたままの足元で良いのです。足元がどんな状態であろうと同じスイングが出来たら良いのです。又、インパクトの強弱は円運動の大小で決まります。力の大小ではありません。余談ですが、彼女の打ったボールは壁に当たり、緩くなって返っています。だから打ち返せるのです。逆に言えば、彼女の打球は動画の印象より速いのです。

## （追記143）従来打法との闘い

小学生と論争しました。会話をしたと言えるほど口をきいていない。にもかかわらず、少年の口から出た言葉は「インパクトの時に力を入れる」と「脇を締める」であった。その少年は壁打ちが2球も続かない位にもかかわらずです。背後にある60年以上の伝統を持つ従来打法の怖さを感じました。

今日もボールを潰しました。調子のよい証拠です。新しいボールの1日目は、ボールが重く感じられて、余り飛びません。2日目は軽くなり良く飛びます。3日目は余り飛ばなくなるので力が入ってしまいます。その日か次の日にボスッとかパンと音を立てて破れてしまいます。2つずつ交互に使うので少しローテーションは正確ではありません。強打をするだけでは破れません。連打が必要です。

「インパクトの時に力を入れる」「脇を締める」、このどちらも間違いです。私は60年前にこの言葉を聞きました。当時から、先輩から後輩に引き継がれてきたものです。私も〈新打法〉の研究をするまで正しいと思っていました。先ずは先日の少年の為に言います。少年は2つの間違った教えの為に、テニスをむずかしくしてしまっています。

「インパクトの時に力を入れてはいけないよ」「脇を締めてはいけないよ」と教えられていたら、もっと簡単にボールに当てられるようになっていたと思うのです。インパクトの時に力を入れないといけないし、ボールと身体との距離をミリ単位で合わせなさいと言われているようなものです。この呪縛でコチコチになってしまうのです。

衝撃度は重量×加速度です。加速度とは加速を続けた結果の瞬間速度です。従来打法はインパクトの直前で力を加えます。この同じ力を〈新打法〉は振り始めに使います。その後加速を続けてインパクトをします。加速するには加速距離が必要です。どちらがインパクトが強くなるか歴然です。それだけではありません。力を入れるのは円運動でないといけません。平行運動で力を入れても1倍です。円運動で力を入れると10倍以上になるのです。しかし、インパクトの時にそれをすると角度が狂ってしまいます。的を射るのは運に任せているようなものなのです。

〈新打法〉では初動で力を入れている為、スイング速度ははるかに速いのに、加速中はポイントを合わす事、方角を合わす事だけに専念できるのです。そして極めつけが、インパクトの直前でポイントと角度を正確に合わせて止めるのです。するとラケットと身体の重量の合わさった重量の惰力に変わり、インパクトします。ラケットだけの重量の10倍の衝撃度に変わるのです。

次に〈脇を締める〉についてです。これには2つの目的があると考えられます。1つはパラメトリック効果です。円運動の径を途中から小さくしていくと、外周距離が小さくなるので、その分円運動が速くなるというものです。もう1つは脇を締めることで衝撃に耐えられるのです。このどちらも欠陥があり、間違いと言っていいでしょう。

1つは、インパクト直前から急に角度が変わるので方位がより定めにくくなります。もう1つは、急にラケットヘッドと身体との距離が変わることです。変化に対応することか難しいだけでなく、離れたボールには対応できないのです。〈新打法〉は近くのボールを処理する時に脇を締めますが、目的が違います。近くであろうと遠く離れていようと自由自在です。最も離れたボールには先ず振っておいて、インパクトまでに追い付くのです。振り始めに力を入れる〈新打法〉だから可能になるのです。

## （追記155）2021年2月10日全豪オープン大坂なおみ2回戦を見て

大坂なおみvsカロリーヌ・ガルシアを見ました。大坂なおみの完勝でした。しかし、結果の数字が示すほど大差があるとは思えませんでした。両者が強打を得意として、大坂なおみに1日の長があったのです。現在の女子プレイヤーで強打を競えば大坂なおみが一番でしょう。

彼女は両足をネットに平行に広げてストロークする時が多くあります。ヴィーナス・ウィリアムやケルバーに見られます。この打ち方が私の提唱する新打法です。後ろに速く大きくテイクバックをして、反動を利用して豪快にスイングします。そして真横でインパクトします。マスターしてしまえば足のスタンスは関係なくなります。まだ従来打法に見る、足を打方向に平行に開くスタンスは残っていますが、元々新打法ではスイングと足のスタンスは切り離していますので、新打法に移行していると言っていいでしょう。但し、新打法では足を打方向に揃える必要はありません。揃えなければ半歩節約できます。大坂なおみはフォロースルーはしていません。インパクトと同時に次の行動に移っています。新打法ではインパクトの直前にスイングを止め、惰力でインパクトしますが、大坂なおみがそうしているのかは視認できませんでした。

続いて、ジョコビッチvsF・ティアフォーの第1セットを見ました。ジョコビッチは従来打法のお手本のように思っていたのですが、この試合は様相が一変しました。

両者が余りにも強打の応酬なので打方向に足を揃える暇がないのです。そして大きく速くテイクバックをして、反動を利用して豪快にスイングをして、フォロースルーがありません。インパクトと同時に次の行動に移っています。かなり新打法に近づいているのです。

強打時代に対応する打法が〈新打法〉だと改めて納得しました。

## （追記157）全豪オープン3回戦大坂なおみを見て

2021年2月12日、大坂なおみvsオンス・ジャバーを見た。大坂なおみが負けていてもおかしくない接戦であった。この試合での一番の勝因はメンタルの強さでしょう。練習と準備に裏打ちされたメンタルですが、技術と共にメンタルが向上しているのは明らかでした。やや有利に進めていたジャバーの方がメンタルで先に崩れていきました。

さて、大坂なおみの最大の力の源はテイクバックです。〈新打法〉ではインパクトの強度はテイクバックの速さ、大きさに比例すると説いています。大坂なおみは瞬時に、大きくテイクバックをして反動を利用して豪快にスイングしています。しかし力で打っているのではありません。ジャバーも強打を返していましたが、テイクバックは大きくありません。体力で打っている感じでした。この違いは打ち負けた時のメンタルに現れます。大坂なおみも打ち負ける時がありましたが平然であったのに対し、ジャバーはメンタルのダメージがあったのでした。

## （追記158）全豪オープン4回戦大坂なおみvsムグルッサを見て

2021年2月14日、大坂なおみvsガルビネ・ムグルッサを見ました。接戦を見ていて何度も息をするのを忘れました。それ程激しい戦いでした。大坂なおみが振り返って「バトルだった」と言って、ムグルッサは「2人の差は1ポイント」と振り返りました。大坂なおみは2つのマッチポイントをしのぎ逆転しました。一度は崩れかけたメンタルを立て直しての勝利でした。

大坂なおみは負けていてもおかしくなかった。それでも勝てた要因はメンタルの成長と体力の温存でした。何度も強打のラリーがありました。ムグルッサは息を切らしていました。その同じ時、大坂なおみは全く息を切らしていなかったのです。そこには打法の違いがあります。〈新打法〉は前を向いて構えます。

正面から大坂なおみを見るとまっすぐ立っている身体と後ろにあるラケットで十字架のようになっていました。横に移動する時も、少し離れたところからスイングを届かす打ち方で、省エネをしていました。全体としてテイクバックが大きく、加速距離の長さでインパクトが強くなっています。力だけに頼っていないので体力の温存につながったのです。この事が最後の1ポイントの差になったのでした。

## （追記159）サーブのパラメトリック加速について反論

私はストロークでのパラメトリック加速は意識して追求するものではなく、向かってくるボールのコースに応じて、臨機応変に対応する中で成立するものと論じてきました。つまり野球のインコースになった場合の打ち方の1つです。

スピードを上げる手段は他にも沢山あります。加速距離を伸ばすとか、初動に力を入れるなどです。大きなスイングをして、インパクトの直前に手首の円運動を素早くするなどです。これも立派なパラメトリック加速になっています。

身体の前でインパクトするのはパラメトリックになっていますが手首を折りたたんだ状態になるので最大スピードを引き出してはいません。

近年、トッププレイヤーのサーブがすさまじい速さになっています。その原因をパラメトリック加速にあると解説しているようですが、異見があります。

解説は次のようです。

真上に伸ばした手首を下げ始めます。遅れてラケットが撥ねあがります。この時パラメトリック加速が成立してサーブのスピードが増すというものです。

一見、筋が通っているようです。しかし難し過ぎます。そして、努力の割には効果には疑問が付きます。技術の発展には理論が先行すべきと思いますが、この場合、無理矢理に理論を当てはめようとしているように思います。


それでは〈新打法〉理論で解説します。新打法はインパクトの直前で動作を止めます。柔道の一本背負いのように腰のバネを使い、目いっぱい曲げた肘を伸ばし手首を振り上げます。続いて十分に後ろに反らした手首を一気に元に戻します。インパクトの直前で止めます。後は惰力がインパクトします。この動作を止めた時、円運動のエネルギーがラケットヘッドに集中するのです。何よりも、フォロースルーをしないので足を叩きそうになる心配がありません。大きな円運動から小さな円運動に移っています。一種のパラメトリック加速が成立しています。

パラメトリック加速は立派な理論ですが、ボールは当てて押すという従来打法と結びついている為、テニスの解説では後付け理論になっていると思います。

## （追記160）新打法のサーブ

新打法では、一本背負いの腰の動き、肩の動き、肘の曲げ伸ばしによる円運動の合成を行った後、最後に手首の曲げ伸ばしをします。インパクトの直前で、爪先からラケットヘッドまでが一直線になった状態で動きを止めます。身体をブロンズ像のように硬直させます。すると身体の重量とラケットの重量の合体した重量の惰力に変わります。

惰力とは小さく動いていたものは小さく、大きく動いていたものは大きく、動き続けようとする力です。これがラケットヘッドにエネルギーが移動する原理です。一方、エネルギーは重量×加速度です。重量を上げてボールをインパクトします。又、新打法は簡単に、安定的に、手首を最も高い位置でのインパクトを可能にします。

新打法は私が提唱する打法なのでまだ世に出ていないと思われます。世に出ているのはパラメトリック加速理論です。この理論は従来打法の当てて押す理論の延長線上にあります。ラケットの速度を上げることにしか関心がありません。しかも、その為に円運動を渦巻き状に小さくするのです。これには難点があります。1つは、手首の位置が最高位置より下がるのです。そして2つ目にはそのポイントは移動しているのです。3つ目は手首を下げながら、ラケットは上げると言う複雑な動きを強いられます。これでは打方向の上下の調節は無理です。

## （追記162）硬式テニス新打法と大谷翔平

大谷翔平がホームランを量産している。ここに来て毎試合1本のペースなので朝のニュースがモーニングコールのように大谷のホームランを伝える。大谷翔平は完全にホームランの打ち方を確立している。

〈硬式テニス新打法〉の立場で解説してみよう。大谷選手の打法は高速のダウンスイングとアッパースイングで出来ている。V字軌道を描いているのだ。

〈硬式テニス新打法〉はインパクトの前で動作を止めます。インパクトの前に全てのエネルギーを使い切るのです。フォロースルーはありません。ドライブやスライスは当て方にあるのであって、当たった後の動作には関係がないのです。この理論で大谷のスイングを見ればV字軌道が理解できます。大谷はダウンスイングしかしていないのです。そしてインパクトの直前にバットにドライブ回転を与えているのです。インパクトの後に惰力が残りますが、ダウンスイングの惰力よりも後から加えたドライブ回転の惰力の方が多く残るので、アッパースイングになるのです。

テニスと同じでフォロースルーが大事と考えている限り、スイングスピードは速くなりません。大谷の目にも止まらない程のスイングスピードは〈新打法〉の考え方から来ています。結果的に、していないはずのフォロースルーも大きいのです。

## （追記166）硬式テニスの広角打法について

広角打法とは、相手コートに対して直角に向いてインパクトする打法が進化して斜めに向いて打つようになり、最新の打法として、正面を向いてインパクトすることを指していると思われます。そしてそれは基本、両足をネットに平行にすることであり、変形として胸が前を向くことも含めていると思われます。

私の提唱する新打法にその部分は似ています。しかし絶対的に違っているのはインパクトの考え方です。従来打法における広角打法は当てて押すという考え方から出来ており、フォロースルーを大切にしています。既に論証しているようにフォロースルーに意味はありません。大事なのはインパクトまでであり、ボールは瞬間的に跳ね返っているので、その後の動作に返球が影響する事はありません。にもかかわらずフォロースルーを重視する為、スイングが出鱈目になるのです。加速距離を十分に取らない為、ラケットを回してみたり、手首をこねたり、スピードを付ける為にコーチ自身が泥沼に入り込んでいます。そして複雑なフォームにした為、打点を一定にする事と教えます。これが又泥沼に入る原因になっています。ボールは決して一定の打点になるようには返ってきません。これに対する答えが無いのです。がむしゃらに打点を追い求めるのみです。

新打法は握り15度、手首75度、肩45度、腰45度を後方に捻じっておいて、それを捻じり戻すだけです。腰45度とは胸を45度回す筋肉を使う事です。足の向きとは関係ありません。足はスイングとは独立して移動や体重を支える事に専念します。つまり最短距離で打点に近づき、そのままの足の状態で、宙に浮いている状態も含めて、インパクトします。角度は自由自在に調整できます。背骨を中心とする円運動です。究極の広角打法となります。

## （追記169）硬式テニスの素振り練習

時々素振りをしているのを見ることがある。殆どの人が同じ素振りをする。振り始めと振り終わりの間の真ん中辺りで最もスピードを上げて、振り終わりの形を気にしている。私も新打法の研究をするまでは同じ様にしていた。新打法を身に付けた現在では、それが間違いと思うようになった。

間違いを列挙します。

①インパクト時に最大スピードにするということは、最大の円運動をすることです。肩、腰、手首等の円運動を最大にします。それぞれの回転軸は違っているのでポイントがブレる原因になります。

②インパクト時に目が離れています。振り終わりが合っていれば、きっとポイントを打っているだろうと自分に言い聞かせているのです。

③円運動をしているので、刻々と方角が変わります。緩いラリーなら角度を合わせられても、速いラリーになると簡単ではありません。

④しゃくるような打ち方では、反作用がもろに身体に返ってきます。身体の部位を痛める原因になります。

⑤インパクト時に身体の回転を最大にして、ポイントを合わせて、角度を合わせて、ラケットの面の上下の角度も合わせて、尚且つスイングラインまで合わせて、全てがインパクト時に集中するのです。上手く打てる方が不思議です。

それでは新打法の素振りではどうするのか?

①正面を向いて両足を開き、身体の真横でインパクトします。肘は伸ばし切らず、少し遊びを残します。その分手首は身体より前に出ます。角度も中央寄りになるので手首を少し残して角度を調整します。

②インパクトの位置にボールより一瞬先回りして止めます。インパクトは惰力がします。この惰力の性質は円運動が直進に変わっています。ラケットだけの運動が身体と一体になった重量の運動になっています。エネルギーが先端に集まっています。

③ポイントを決めてからテイクバックをします。ネットの上10センチとインパクトポイントを結んだ延長線上に素早く、力を抜いて行います。力を抜いた方がテイクバックは速く、大きくなります。そして反動を感じるようになります。

④大きく加速距離を取り、インパクト直前で動作は終わります。腰45度、肩45度、手首75度、握り15度、後方に捻じり、捻じり戻すだけです。力はどの部位も初動だけに入れて惰力に任せます。すべて同時に、又は状況に応じてずらしますが、止める時は同時です。

⑤止めても、止まりません。その分が惰力です。フォロースルーではありません。

⑥1振り毎にポイントの位置を変えます。新打法ではテイクバックの位置は臨機応変に変わります。あらゆる変化を楽しんで下さい。力を入れる練習ではありません。むしろ、力を入れない練習をするのです。

⑦インパクトの止める位置を見つめて、角度などを点検して下さい。ボールを実際に打つ時も同様にします。目を離してはいけません。

## 特別（追記171）フェデラーの引退

長い間、体調をくずし壁打ちと執筆を中断していたが、リハビリを始めて良いと言われ、翌日からテニスの壁打ちを始めた。3日続けるとそこそこ打てるようになった。テニスに関心も出てきた。フェデラーが引退した事が頭に浮かんだ。そうだ！　私はフェデラーについて書かないといけないのだ。

フェデラーは、２０２２年9月23日を最後に41歳でプロテニス界を引退した。ジョコビッチは「彼がその気になれば、誰にとっても有益で価値のある事を教えられるはずさ」と言っている。一方マレーは「彼ほどの才能のある人は、誰もが彼のような事が出来る訳ではないという事を忘れがちだ」と言っている。

フェデラーは私の提唱する新打法に似ているところが多い。そしてその部分は他のプレイヤーと異なっている部分である。フェデラーが少しずつ磨き上げてきた、その異なっている部分をまとめると新打法としての法則が現れる。勿論コーチになれば、十分発揮できる。金にもなる。しかし、個人に教えるのではもったいない。クリス・エバートがtwitterに投稿したように「今すぐにアカデミーを開くべき！」である。

## 特別（追記172）ヤクルト村上選手のバットと硬式テニス新打法

村上選手がホームランを56本打って、年間ホームラン記録を更新した。私が注目するのは村上選手の使用するバットである。そのバットは85センチの短めであり、先端がくりぬかれて軽くなっている。

私は硬式テニス新打法で軽いラケットを使うように提唱している。従来打法ではボールは当てて押すものと理解されていた。間違いである。インパクトした時に必ずラケットのスピードは落ちる。だから押すことはあり得ないのだ。あるのはいかに大きなエネルギーでインパクトするかだけなのだ。フォロースルーに意味がないのである。衝撃力は質量×加速度である。加速度は速度の二乗である。つまり質量を上げるより速度を上げる事の方が効果が大なのである。しかも新打法の極意はインパクトの直前に動作を止め、惰力で打つ事を提唱している。動作を止める事に依って体重とラケットの重量が一体となるのである。かねてより野球のバッテイングとテニスのスイングは同じ原理であると提唱しています。それを証明してくれたのが村上選手のバットである。

# 結びにかえて

なぜか60年以上も前の餅つきの事を思い出した。私が4年生の頃親父が死んだ。よく覚えていない。両親はそれまで2人で餅つきをしていた。私が手伝っていたか覚えていない。私は母が45歳の時に生まれた子供で3人暮らしであった。親父が死んでからは母は1人で餅つきをした。私に手伝ってくれとも言わず、黙々と何臼も搗いた。白餅、よもぎ餅、豆餅等、親父が生きていた頃と量は変わらなかった。年に一度の親父への供養なのか、不思議な行事であった。

かまどに薪をくべ、2段に積んだせいろでもち米をむし、1段目を臼に移すと、新しいせいろを2段目に置いた。

直ぐに餅つきを始め、初めは弱く、だんだん強く搗き、杵に付いたモチ米を払い、餅をひっくり返し、又搗くのである。これを1人で繰り返し、搗き終わると家の中に持って入り、餅の形にして並べるのである。これを全て1人でやりこなすのであった。

いつからか私も手伝うようになった。

「お父ちゃんに似て定も搗くのが上手いねぇ」と母は褒めてくれた。私は親父の餅つきを学んだ覚えはなかった。

「たいていの者は餅を切ってしまう。定は綺麗に搗いているよ」と母は言った。

その時の餅つきの私の仕草だ。杵を思い切り振り下ろして、後20センチの所で振り下ろすのを止め、杵が水平に餅に当たる事だけ注意した。

この時の経験が硬式テニス新打法につながっているのだった。

著者プロフィール

**羽渕 定昭**（はぶち さだあき）

1946年３月22日生まれ
兵庫県出身
大阪府在住
中学２年から高校時代、軟式テニス部に所属
1964年４月より大阪市立大学二部商学部で働きながら学ぶ
卒業後各種会社に勤務
1982年より不動産業を営む
1990年　映画「江南慕情」を脚本、監督、自費製作
1994年　シナリオ「ノウテンの街」３部作を発表
2011年　小説「なぁ〜んや」発表
2015年６月「硬式テニス新打法」刊行（文芸社）
2015年７月「ノウテンの街」刊行（文芸社）
2018年11月「ノウテンの街　第二巻」刊行（文芸社）
2022年12月「ノウテンの街　第三巻」刊行（文芸社）
2023年３月「かべうち」刊行（文芸社）



**硬式テニスの極意**　〈教本　硬式テニス新打法〉

2023年３月15日　初版第１刷発行

著　者　羽渕 定昭
発行者　瓜谷 綱延
発行所　株式会社文芸社
〒160-0022　東京都新宿区新宿１－10－１
電話　03-5369-3060（代表）
03-5369-2299（販売）

印　刷　株式会社文芸社
製本所　株式会社MOTOMURA




ISBN978-4-286-27087-6